Marden Machado

CINEMARDEN

UM GUIA (POSSÍVEL) DE FILMES

VOLUME 3

ARTE & LETRA EDITORA

CURITIBA/2018

editor **THIAGO TIZZOT**

projeto gráfico e capa **FREDE TIZZOT**

ARTE & LETRA EDITORA
Alameda Dom Pedro II, 44. Batel
Curitiba - PR - Brasil / CEP: 80420-060
Fone: (41) 3223-5302
www.arteeletra.com.br - contato@arteeletra.com.br

SUMÁRIO

APRESENTAÇÃO

No dia 03 de outubro de 1983, uma segunda-feira, eu estava na gráfica do professor Ramos, pai de meu amigo Ramsés. Conversávamos sobre cinema e eu comecei a falar sobre *O Império Contra-Ataca*, também conhecido como o *Episódio V* da saga espacial *Star Wars*, ou *Guerra nas Estrelas*, como a gente chamava na época. O filme, ainda inédito em Teresina, iria finalmente estrear. Por conta do lançamento de *O Retorno de Jedi*, a distribuidora exigiu que ele fosse exibido antes do *Episódio VI*. Eu já o tinha visto, em uma outra cidade durante uma viagem de férias e falava entusiasmado sobre ele.

No escritório da Gráfica Ramos, além do Ramsés e do irmão mais velho dele, o Garibaldi, estava presente o Kenard, que naquela época editava o caderno de cultura do Jornal da Manhã. Ele me perguntou se eu conseguiria escrever tudo o que tinha acabado de contar sobre o filme. Eu respondi que sim. Ele então me desafiou: "se você me entregar um texto de três laudas até esta quinta, eu publico na edição de domingo".

Eu nem sabia o que era uma lauda. Mas, escrevi sobre o filme e no dia 09 de outubro de 1983 meu primeiro texto sobre cinema foi publicado. Depois, no final do mês, quando *O Retorno de Jedi* estreou, escrevi sobre ele também. Nasceu ali minha carreira no jornalismo cultural.

Este terceiro volume do *Guia Cinemarden* é dedicado ao meu saudoso amigo Ramsés Bahury de Souza Ramos, com quem sempre conversei bastante sobre filmes. Desde quando fizemos parte do Cineclube do Colégio Diocesano e do Herbert Parente. E também ao Kenard Kruel Fagundes dos Santos, que me desafiou e abriu as portas do jornalismo cultural para mim. Que a Força esteja com eles, comigo e com todos vocês, sempre!

Marden Machado

03 Março 2018

DEZ COISAS QUE EU ESPERO DE UM FILME

01 Um trailer que chame minha atenção.

02 Uma história com começo, meio e fim.
Não necessariamente nessa ordem.

03 Uma cena de abertura que desperte meu interesse
pelo resto da história.

04 Um roteiro com personagens, cenas e diálogos bem construídos.

05 Um elenco afinado, coeso e sem exageros de interpretação.

06 Uma direção segura, criativa
e que não subestime minha inteligência.

07 Uma fotografia inspirada, que desperte e aguce meus sentidos.

08 Uma montagem que imprima ao filme o ritmo
que a história precisar.

09 Efeitos visuais e sonoros, incluindo a música,
que trabalhem a favor do filme.

10 Um final que seja aberto para que eu próprio
tire minhas conclusões. Mas, se for bem fechado, também vale.

PREFÁCIL

Complicar é fácil, simplificar é difícil – é o que primeiro emana de Marden. Mais difícil ainda é fazer parecer fácil o profundo, nos levando em cine-trilha de descobertas como se por caminho conhecido.

Escrevendo como quem proseia, Marden vai pontuando a trilha com significativos sinais e reveladoras luzes – e você verá o filme com essa iluminação, apreciando então a cine-arte em sua alma e engrenagens.

Assim, Marden vai além da crítica, palavra grega que significa apenas discernimento ou avaliação. Ele sempre sai dessa postura apreciadora de fora, a nos levar para dentro, para as engrenagens e a alma de cada filme. No mais nobre sentido de conduzir, que é educar mostrando os caminhos, Marden nos educa para o Cinema. Com direito sempre a alguma graça, nos convida a abrir os olhos e apurar os ouvidos, sem preconceitos nem presunções.

A faceta espiritual de um filme de ação. O artesanato requintado embutido numa comédia. Uma performance de ator ou o desafio de uma direção.

Para quem veio dos cinemas onde a gurizada batia palmas e pés, ler/ver Marden é compensar toda a desinformação acumulada. Para quem começa a ver cinema já na web, é como pegar uma velha trilha com novos olhos - e cineviver melhor.

Ficha técnica: Marden, mestre em cinema, sempre porém como se nem mestre fosse, o que também não é fácil.

Domingos Pellegrini
é escritor

HANNAH E SUAS IRMÃS

HANNAH AND HER SISTERS

EUA 1986

Direção: Woody Allen

Elenco: Mia Farrow, Barbara Hershey, Dianne Wiest, Carrie Fisher, Michael Caine, Woody Allen, Maureen O'Sullivan, Lloyd Nolan, Max von Sydow e Lewis Black. Duração: 107 minutos. Distribuição: Fox.

A carreira do ator, roteirista e diretor nova-iorquino Woody Allen é tão extensa que, ao longo dela, ele teve a oportunidade de homenagear seus cineastas favoritos. *Hannah e Suas Irmãs*, que ele escreveu e dirigiu em 1986, faz parte do período em que ele reverenciava Ingmar Bergman. Apesar de muitos verem o filme como uma comédia, talvez o termo mais adequado para defini-lo seja "dramédia". Na história, Hannah (Mia Farrow) é a filha mais velha de um casal de artistas. Ela é casada com Elliot (Michael Caine) e tem duas irmãs: Lee (Barbara Hershey) e Holly (Dianne Wiest). A ação acontece entre dois feriados de Ação de Graças e parece até o poema *Quadrilha*, de Carlos Drummond de Andrade. Hannah amava Elliot que amava Lee que amava Frederick... Qualquer filme de Woody Allen, com exceção de seus primeiros trabalhos, exige do espectador um mínimo de repertório para ser apreciado plenamente. Não é diferente em *Hannah e Suas Irmãs*. Dono de humor único no cinema americano, Allen é, antes de tudo, um profundo observador das relações humanas e de todos os seus filmes, este talvez seja o que melhor retrata a vida em família. Allen é também um excelente roteirista e diretor de atores. Não por acaso, Michael Caine e Dianne Wiest foram premiados com o Oscar de melhor ator e atriz coadjuvantes e o próprio Allen recebeu o de melhor roteiro original.

NA MIRA DO CHEFE

IN BRUGES

INGLATERRA 2008

Direção: Martin McDonagh

Elenco: Colin Farrell, Brendan Gleeson, Ralph Fiennes, Elizabeth Berrington, Rudy Blomme, Ann Elsley, Olivier Bonjour, Mark Donovan, Jean-Marc Favorin, Eric Godon e Zeljko Ivanek. Duração: 107 minutos. Distribuição: Paris Filmes.

Bruges fica na Bélgica, tem uma população de cerca de 120 mil habitantes e é chamada de “Veneza do Norte”, por causa de seus inúmeros canais. A cidade apresenta ainda as ruínas de uma fortaleza medieval. Bruges é uma das cidades europeias de maior vocação turística e cultural. Ray (Colin Farrell) e Ken (Brendan Gleeson) são dois matadores que viajam para lá, a mando de seu chefe Harry (Ralph Fiennes), depois de um trabalho mal feito. Já começa aí o descompasso. Ken, mais experiente e culto, aproveita a chance para enriquecer seus conhecimentos. Ray, mais jovem e inquieto, se envolve em brigas e outras confusões para passar o tempo. Na verdade, Harry deu uma missão especial para Ken: ele precisa matar Ray. *Na Mira do Chefe*, tradução nacional para “em Bruges”, é o primeiro longa dirigido por Martin McDonagh, que também escreveu o roteiro. Estamos aqui diante de uma comédia de humor nigérrimo e totalmente fora dos padrões convencionais. Diálogos rápidos, afiados e cheios de palavrões, aliados a um elenco soberbo e inteiramente à vontade, fazem de *Na Mira do Chefe* um oásis no atual universo de histórias politicamente corretas que parecem “pisar em ovos”. O filme de McDonagh não poupa nada nem ninguém e o resultado final não poderia ser melhor.

HERÓI

YING XIONG

CHINA 2002

Direção: Zhang Yimou

Elenco: Jet Li, Maggie Cheung, Tony Leung Chiu-Wai, Zhang Ziyi, Donnie Yen, Man Yuk e Chen Dao Ming. Duração: 99 minutos. Distribuição: Buena Vista.

Foi preciso que Quentin Tarantino endossasse o lançamento de *Herói*, filme dirigido em 2002 pelo chinês Zhang Yimou, para que o grande público do Ocidente tivesse acesso a este belo trabalho que estava limitado aos festivais de cinema. Estamos diante de um filme de arte de artes marciais. Na trama, acompanhamos a saga de um guerreiro Sem Nome (Jet Li), que no Século III A.C., chega à corte do imperador De-Qin (Chen Dao Ming), governante de um dos sete reinos nos quais a China está dividida. Sem Nome apresenta as armas de três assassinos que juraram matar o soberano. Ele garante ter matado todos eles e exige sua recompensa. Desconfiado, o rei pede que o guerreiro relate cada um de seus feitos e cada nova história é contada com uma cor diferente. *Herói* é um filme que encanta os olhos, a mente e o coração. Belissimamente fotografado por Christopher Doyle, que já havia trabalhado com Wong Kar-Wai em *Amor à Flor da Pele*, o visual requintado do filme é o que primeiro chama nossa atenção. Além disso, temos as lutas tão magnificamente coreografadas que mais parecem um balé de artes marciais. E para completar, um roteiro muito bem escrito que faz referência ao clássico *Rashomon*, de Akira Kurosawa, e um elenco de atores fabuloso. Zhang Yimou, mais conhecido por seus trabalhos intimistas, revelou com este filme que também sabe lidar com temas épicos.

CHUMBO GROSSO

HOT FUZZ

INGLATERRA 2007

Direção: Edgar Wright

Elenco: Simon Pegg, Nick Frost, Jim Broadbent, Paddy Considine, Timothy Dalton, Billie Whitelaw, Edward Woodward, Rafe Spall, Olivia Colman e Paul Freeman. Duração: 121 minutos. Distribuição: Universal.

A dupla formada pelo diretor e roteirista Edgar Wright junto com o ator e roteirista Simon Pegg já havia realizado um dos melhores filmes de zumbis do cinema: *Todo Mundo Quase Morto*. Desta vez, o foco é o filme policial americano. Com *Chumbo Grosso*, eles "visitam" o gênero e utilizam todos os clichês possíveis e imagináveis com um único objetivo: tirar sarro de tudo. Quem não poderia faltar nesta "festa" é o ator Nick Frost, parceiro de Simon Pegg em quase todos os seus filmes desde que trabalharam juntos na série *Spaced*, da TV britânica. Na trama de *Chumbo Grosso*, conhecemos o policial Nicholas Angel (Pegg), da Polícia de Londres. Ele é tão bom, mas tão bom no que faz que seus colegas de delegacia parecem uns incompetentes. Por causa disso, seus superiores o transferem para uma pequena cidade do interior com taxa de crime zero. Lá ele passa a trabalhar com Danny Butterman (Frost) e em pouco tempo seus instintos apurados fazem com que ele desconfie que aquela aparente tranquilidade na verdade esconde uma terrível realidade. Depois de ver este filme você não conseguirá assistir a um policial com os mesmos olhos. Wright e Pegg desconstroem o gênero e não poupam situações e personagens para extrair humor e realizar ótimas seqüências de ação.

A LULA E A BALEIA

THE SQUID AND THE WHALE

EUA 2005

Direção: Noah Baumbach

Elenco: Jeff Daniels, Laura Linney, Jesse Eisenberg, Owen Kline, William Baldwin, Halley Feifer e Anna Paquin. Duração: 81 minutos. Distribuição: Sony.

Existe uma máxima em Hollywood que diz que todo mundo tem pelo menos uma boa história para contar: a sua própria. O roteirista e diretor Noah Baumbach fez isso em *A Lula e a Baleia*. Vencedor no Festival de Sundance dos prêmios de roteiro e direção, o filme teve produção de Wes Anderson, diretor de *Os Excêntricos Tenenbaums* e *Viagem à Darjeeling*. Acompanhamos aqui a história de um casal que se separa, Bernard (Jeff Daniels) e Joan (Laura Linney). Ele é professor de literatura, vive das glórias do passado, é esnobe e morre de inveja da ex-mulher pois descobre que ela escreve melhor do que ele. No meio de tudo isso, os dois filhos do casal: Walt (Jesse Eisenberg) e Frank (Owen Kline). Os meninos têm respectivamente 16 e 12 anos e tentam lidar com a situação da melhor maneira possível. Baumbach, apesar de estar contando sobre sua própria adolescência, não "floreou" nada. Seu relato é seco, direto, sincero e amargo. Uma história como esta só funcionaria assim. E, claro, com um elenco à altura. Sem contar que depois de ver este filme você nunca mais ouvirá a música *Hey You* do Pink Floyd do mesmo jeito.

BASTARDOS INGLÓRIOS

INGLOURIOUS BASTERDS

EUA 2009

Direção: Quentin Tarantino

Elenco: Brad Pitt, Melanie Laurent, Christoph Waltz, Eli Roth, Michael Fassbender, Diane Kruger, Daniel Brühl, Mike Myers e Rod Taylor. Duração: 153 minutos. Distribuição: Universal.

Quem nunca imaginou uma história diferente durante as aulas de História? É isso que Quentin Tarantino nos apresenta em *Bastardos Inglórios*. Longe de ser fiel à verdade histórica da Segunda Guerra Mundial, o diretor e roteirista traz aqui uma nova versão dos fatos, filtrados cinematograficamente por sua lente. Tudo começa em 1941, na França ocupada pelos nazistas. Um grupo de soldados americanos de origem judia, "os bastardos" do título, é montado para espalhar o terror entre os alemães. O líder do grupo, o tenente Aldo Raine (Brad Pitt), pede aos seus subordinados algo bem simples: cada um deve trazer 100 escalpos nazistas. Antes de ser um filme de guerra, *Bastardos Inglórios* é um filme feito para quem gosta e conhece cinema. Dividido em capítulos e com diversas personagens e histórias acontecendo ao mesmo tempo, Tarantino não perde o foco em momento algum. As características básicas de seu cinema estão presentes em cada fotograma. Diversos filmes e diretores são citados e inúmeras referências estão espalhadas, seja nos nomes das personagens ou em objetos de cena. E os diálogos continuam primorosos. Tarantino também é um excelente diretor de atores e extrai de todo o elenco um desempenho estupendo. Claro, tem um ator que se destaca, um dos vilões da história, o oficial poliglota da SS Hans Landa, vivido por Christoph Waltz, vencedor do Oscar de melhor ator coadjuvante por este papel. Sei que as coisas não aconteceram como é mostrado neste filme, porém, cá entre nós, a guerra de Tarantino é bem melhor e mais satisfatória.

CASA VAZIA

BIN-JIP

CORÉIA DO SUL 2004

Direção: Kim-Ki Duk

Elenco: Seung-yeon Lee, Hyun-kyoon Lee, Hyuk-ho Kwon, Jeong-ho Choi, Ju-seok Lee e Mi-suk Lee. Duração: 95 minutos. Distribuição: Imovision.

O diretor e roteirista sul-coreano Kim-Ki Duk chamou a atenção mundial com seu filme anterior, *Primavera, Verão, Outono, Inverno e... Primavera*. Meio mundo ficou fascinado com a carga filosófica apresentada na relação entre mestre e discípulo. Quando *Casa Vazia* foi lançado a expectativa era grande e muitos esperavam algo na mesma linha. Felizmente, Kim-Ki Duk tomou um rumo diferente. Desta vez ele conta a história de Hee-Jae (Hyun-kyoon Lee), um jovem que invade casas cujos donos estão viajando e lá fica por alguns dias. Ele não rouba nada e, para compensar a "hospedagem", procura algo dentro da casa que precise ser consertado. Certo dia, em uma das casas que ele invadiu, Hee-Jae presencia a bela modelo Sun-hwa (Seung-yeon Lee) levar uma surra do marido. A partir daí se estabelece uma forte relação entre os dois sem que eles troquem uma única palavra sequer. A narrativa que o diretor imprime aqui não segue um padrão convencional. A trama é, antes de tudo, romântica, porém, vem impregnada de poesia, de realismo fantástico, de questões sobrenaturais. Parece uma salada que não combina bem seus ingredientes, no entanto, tudo faz sentido neste belo filme de amor.

CASSINO

CASINO

EUA 1995

Direção: Martin Scorsese

Elenco: Robert De Niro, Sharon Stone, Joe Pesci, James Woods, Don Rickles, Alan King e Kevin Pollak. Duração: 178 minutos. Distribuição: Universal.

Ninguém melhor que Martin Scorsese para falar sobre mafiosos. Outros diretores ao longo da história do cinema falaram sobre a Máfia, porém, a impressão que temos ao ver um filme de Scorsese sobre o tema é que ele entende do assunto. Autor de obras como *Caminhos Perigosos* e *Os Bons Companheiros*, que são referência no gênero, *Cassino* não recebeu a atenção devida quando de seu lançamento. O roteiro é baseado na história real de Frank Rosenthal, que dirigiu os cassinos Stardust, Fremont e Hacienda para a máfia de Chicago nos anos 1970 e 1980. Robert De Niro interpreta Sam "Ace" Rothstein, um homem de passado duvidoso que se envolve com uma prostituta de luxo, Ginger McKenna (Sharon Stone) e termina por colocar em risco as operações dos cassinos que ele dirige. *Cassino* reúne o melhor de Scorsese: direção criativa e segura; roteiro preciso; montagem vertiginosa; trilha sonora impecável e atuações soberbas, principalmente do trio principal composto por De Niro, Stone e Joe Pesci, que vive o segurança Nicky Santoro. Enfim, um filme que merece ser (re)descoberto.

A MARCA DA MALDADE

TOUCH OF EVIL

EUA 1958

Direção: Orson Welles

Elenco: Charlton Heston, Janet Leigh, Orson Welles, Marlene Dietrich, Akim Tamiroff, Joseph Calleia, Zsa Zsa Gabor, Joanna Moore, Dennis Weaver, Ray Collins, Joseph Cotten e Mercedes McCambridge. Duração: 106 minutos. Distribuição: Universal.

Orson Welles é considerado o maior diretor de todos os tempos por ter dirigido aquele que é apontado como o maior filme de todos os tempos, *Cidadão Kane*. Porém, entre os inúmeros fãs do diretor, muitos consideram *A Marca da Maldade* sua obra maior. Welles não teve aqui a mesma liberdade que desfrutou quando dirigiu *Kane*. Na verdade, o filme só foi realizado por pressão do astro Charlton Heston, que queria porque queria ser dirigido por Welles, que não desperdiçou a oportunidade que lhe foi oferecida. O filme começa com um dos mais belos planos-sequencia da história do cinema. A partir daí, acompanhamos Vargas (Heston), um policial mexicano que se casou com a americana Susie (Janet Leigh) e vai passar a lua-de-mel em uma cidade na fronteira entre México e Estados Unidos. Uma série de incidentes o coloca em confronto com o chefe da polícia americana, o capitão Quinlan, vivido pelo próprio Welles. A exemplo do que aconteceu com *Soberba*, o segundo filme que ele dirigiu, Welles não teve controle sobre a montagem final. *A Marca da Maldade* foi montado à revelia do diretor. Felizmente, décadas depois, foram encontradas as anotações de Welles com informações precisas sobre a montagem do filme e foram estas anotações que guiaram os trabalhos de restauração da película. A versão lançada em DVD respeita a visão do diretor e apresenta finalmente *A Marca da Maldade* do jeito que Welles idealizou. Uma chance imperdível para se conhecer esta história que trata de corrupção, tráfico de drogas e discriminação e permitir a você, espectador, que decida se este filme é melhor ou não que *Cidadão Kane*.

CONTATOS IMEDIATOS DO TERCEIRO GRAU

CLOSE ENCOUNTERS OF THE THIRD KIND

EUA 1977

Direção: Steven Spielberg

Elenco:Richard Dreyfuss, François Truffaut, Teri Garr, Melinda Dillon, Cary Guffey e Bob Balaban. Duração: 132 minutos. Distribuição: Sony.

Steven Spielberg ainda era uma promessa. Uma promessa genial, mas ainda assim, uma promessa. Mesmo após o estrondoso sucesso mundial de *Tubarão* dois anos antes, não foi fácil para ele conseguir realizar *Contatos Imediatos do Terceiro Grau*. O mote da trama buscava inserir visitas de seres extraterrestres dentro de um contexto bem realista. Spielberg já havia explorado isso em *Firelight*, uma super produção em super 8 que ele havia realizado ainda adolescente. Em *Contatos Imediatos* acompanhamos muitas histórias que seguem em paralelo, no entanto, a principal delas é de Roy Neary (Richard Dreyfuss), um funcionário da companhia de energia que junto com outras pessoas experimenta um contato imediato de terceiro grau, ou seja, testemunha a presença de seres de outro planeta. Afinal, como bem dizia o cartaz do filme: "nós não estamos sós". Todos os que passam por essa experiência desenvolvem uma espécie de obsessão que termina por conduzi-los até um determinado ponto no interior dos Estados Unidos, onde algo grandioso acontece. Spielberg, também autor do roteiro, conduz tudo com maestria e encantamento e ainda conta com a participação especial do grande cineasta francês François Truffaut no papel do cientista Lacombe. Um filme que fascinou e continua fascinando todas as pessoas que um dia olharam para o céu com olhos de criança. Porém, não custa destacar também que este filme não seria o mesmo sem a inspiradíssima trilha sonora de John Williams. Em resumo, uma feliz união de talentos. Quando isso acontece, não tem erro.

CISNE NEGRO

BLACK SWAN

EUA 2010

Direção: Darren Aronofsky

Elenco: Natalie Portman, Mila Kunis, Vincent Cassel, Barbara Hershey e Winona Ryder. Duração: 108 minutos. Distribuição: Fox.

Obsessão pela perfeição. Uma mãe possessiva e cheia de frustrações. Um chefe sádico. Uma mente dividida e em conflito. Um balé. Em *Cisne Negro*, de Darren Aronofsky, acompanhamos o drama de Nina Sayers (Natalie Portman), que acabou de conquistar o papel principal de *O Lago dos Cisnes*, de Tchaikovsky. Só existe um problema: sua insegurança. Isso faz com que ela suspeite de Lily (Mila Kunis), a nova bailarina da companhia. Nina acha que ela quer tomar seu papel. Thomas (Vincent Cassel), o diretor do espetáculo, a provoca constantemente na tentativa de fazer aflorar seu lado mais primitivo, mais selvagem, mais sombrio, mais sensual. Além de tudo isso, Nina enfrenta em casa a pressão sufocante de sua mãe, Erica (Barbara Hershey), que projeta na filha todos os seus sonhos não realizados. Aronofsky faz de seu filme um exercício de análise da alma humana. O que realmente nos move? Esta pergunta ecoa ao longo de toda a duração de *Cisne Negro*. O peso de nossas escolhas é um fardo que teremos que carregar sempre. Gostemos ou não dos resultados. Natalie Portman, premiada com o Oscar de melhor atriz por este papel, representa tudo isso em cena. Sua interpretação é carregada de dor, paixão, medo e superação. No final, não há meio termo. *Cisne Negro* não é um filme para se gostar pela metade. A angústia que ele transmite exige muito do espectador. E isso é bom.

CINEMA, ASPIRINAS E URUBUS

BRASIL 2005

Direção: Marcelo Gomes

Elenco: Peter Ketnath, João Miguel, Hermila Guedes, Paula Francinete e Veronica Cavalcanti. Duração: 110 minutos. Distribuição: Europa Filmes.

O próprio título do filme resume bem do que trata esta bela história. Tudo acontece no interior do sertão nordestino brasileiro, no ano de 1942. A Europa enfrenta as dificuldades provocadas pela Segunda Guerra Mundial e um alemão, Johann (Peter Ketnath), viaja com seu caminhão por estradas de poeira, parando em pequenas cidades para vender um comprimido milagroso, aspirinas. Em cada parada, para atrair a atenção dos moradores, Johann exibe sempre alguns filmes que são projetados da carroceria do veículo e, quantos aos urubus, precisa explicar? *Cinema, Aspirinas e Urubus* marca a estréia do diretor pernambucano Marcelo Gomes em longas. Os primeiros minutos do filme são primorosos. Sem diálogo algum e utilizando o silêncio como ferramenta, Gomes nos apresenta Johann e nos coloca no contexto da história. No meio do caminho, o alemão encontra a personagem do retirante Ranulpho (João Miguel) e, a partir daí, o filme cresce em diálogos espirituosos e situações das mais inusitadas. *Cinema, Aspirinas e Urubus* nos conduz pelas "estradas" do interior do Brasil e o faz de uma maneira inteligente, bonita e carregada de sensibilidade. Uma viagem cheia de perigos e surpresas, porém, repleta de encantamento e que no final nos deixa uma aula de simplicidade narrativa e de valorização da amizade.

ERA UMA VEZ NO OESTE

C'ERA UNA VOLTA IL WEST

ITÁLIA 1968

Direção: Sergio Leone

Elenco: Henry Fonda, Claudia Cardinale, Jason Robards, Charles Bronson, Gabriele Ferzetti, Paolo Stoppa, Woody Strode, Jack Elam e Frank Wolff. Duração: 165 minutos. Distribuição: Paramount.

O *western* ou "faroeste" como conhecemos no Brasil, é um gênero criado e que teve suas características básicas definidas nos Estados Unidos. Em sua essência, é um tipo de filme genuinamente americano. No entanto, esse gênero se desgastou por completo no início dos anos 1960 e foi preciso que um diretor italiano de nome Sergio Leone desse nova vida a ele. Ao contrário da leva de filmes que foram batizados pejorativamente como "bang bang a italiana" ou "western spaghetti", os filmes de Leone são verdadeiras obras-primas e *Era Uma Vez no Oeste*, não é apenas um dos pontos altos de sua carreira, é um dos maiores westerns de toda a História do Cinema. Leone adora trabalhar com dois elementos: o silêncio e a vastidão. Aqui, estes fatores são mais que importantes. São essenciais. O diretor realiza uma verdadeira aula de cinema em cada fotograma. A trama é bem simples e envolve vingança e recomeço. Uma mulher (Claudia Cardinale), chega a uma pequena cidade para se juntar a uma família sem saber que a mesma foi assassinada por um sinistro pistoleiro (Henry Fonda). Ela termina contando com a ajuda de um outro pistoleiro, solitário e tocador de harmônica (Charles Bronson). Descrevendo assim parece até mais um "faroeste" da sessão da tarde, mas não se iluda, *Era Uma Vez no Oeste* faz jus ao seu titulo de fábula e depois dele, este gênero, felizmente, nunca mais foi mesmo.

O CASAMENTO DE RAQUEL

RACHEL GETTING MARRIED

EUA 2008

Direção: Jonathan Demme

Elenco: Anne Hathaway, Rosemarie DeWitt, Sebastian Stan, Roslyn Ruff, Bill Irwin, Anna Deavere Smith, Annaleigh Ashford e Eliza Simpson. Duração: 113 minutos. Distribuição: Sony.

Toda família tem seu momento de barraco. E não tem hora mais adequada para se lavar a roupa suja que um final de semana com casamento. O diretor Jonathan Demme, a partir de um roteiro escrito por Jenny Lumet, filha do grande Sydney Lumet, constrói aqui uma história rica em personagens complexas e que passam por um período difícil. Kym (Anne Hathaway) ficou um bom tempo internada em uma clínica para recuperação de dependentes químicos. Ela recebe alta e volta para casa para o casamento de sua irmã, a Raquel do título. Este retorno não se revela fácil para ninguém. Demme cria aqui um mosaico bem interessante de uma família fragmentada por uma dor profunda. Ecos do passado se manifestam e explodem justamente nos dias que antecedem o casamento. Com um time de atores soberbos em cena, principalmente Anne Hathaway, que se livra aqui daquela imagem de "princesa" que a perseguia, *O Casamento de Raquel* traz além das grandes atuações, uma história sensível, humana e carregada de verdade.

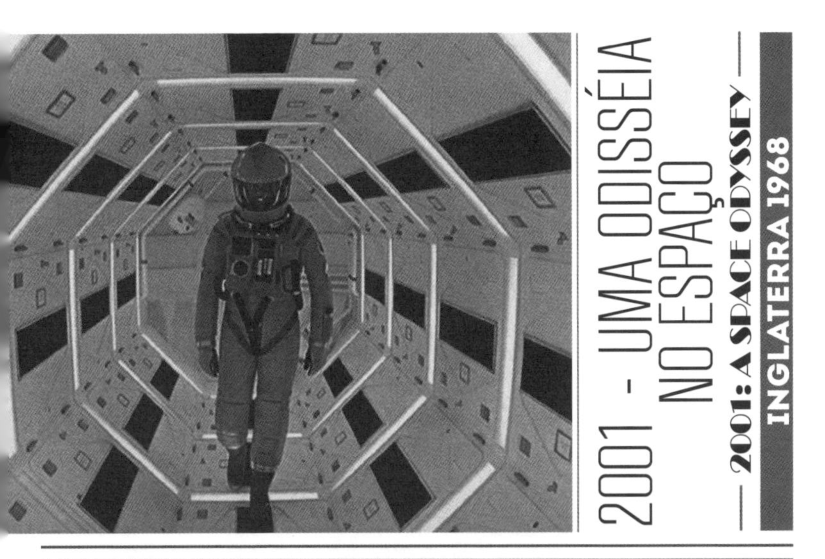

2001 - UMA ODISSÉIA NO ESPAÇO

2001: A SPACE ODYSSEY

INGLATERRA 1968

Direção: Stanley Kubrick

Elenco: Keir Dullea, Gary Lockwood, William Sylvester, Daniel Richter, Leonard Rossiter, Margaret Tyzack e Robert Beatty. Duração: 148 minutos. Distribuição: Warner.

Durante muitos anos o cinema de ficção-cientifica foi considerado um sub-gênero. Foi somente a partir do lançamento de *2001: Uma Odisséia no Espaço*, dirigido em 1968 por Stanley Kubrick, que o gênero ganhou respeito e o status de arte. Com um roteiro ambicioso escrito a partir do livro de Arthur C. Clarke, acompanhamos aqui uma saga que resume cerca de quatro milhões de anos de nossa história em uma das mais belas e simbólicas elipses da história do cinema. Na trama, estamos no inicio do século XXI e uma equipe de astronautas a bordo da nave Discovery viaja até Júpiter para investigar um enigmático monolito que pode conter dados importantes sobre o destino da humanidade. Apesar do elenco "humano", quem rouba a cena é o computador HAL ("curiosamente", as três letras anteriores à sigla IBM). Kubrick teve consultoria de técnicos da NASA e utilizou efeitos especiais que causaram um impacto arrebatador nas plateias do mundo inteiro. Em muitos momentos parece até que estamos assistindo a um balé espacial, principalmente pelo uso que Kubrick faz de temas clássicos. Se não fosse *2001*, filmes com *Star Wars*, para citar apenas um exemplo, jamais teriam sido produzidos. Simplesmente deslumbrante, espetacular, profundo, enigmático e obrigatório.

BRAZIL - O FILME

BRAZIL

INGLATERRA 1985

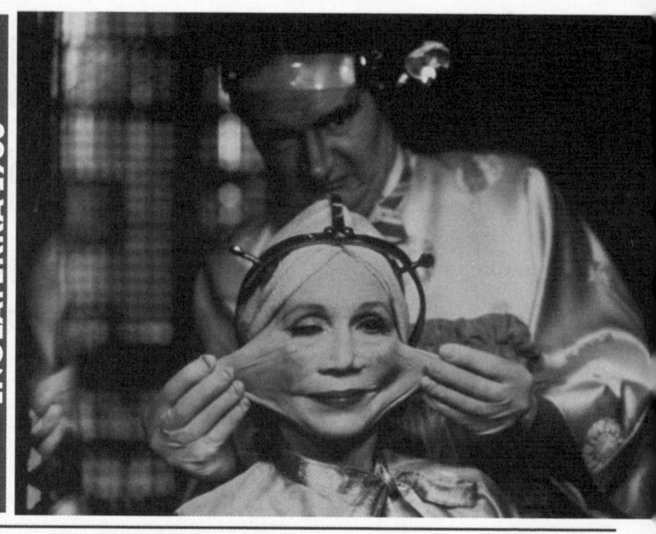

Direção: Terry Gilliam

Elenco: Jonathan Pryce, Robert De Niro, Katherine Helmond, Ian Holm, Bob Hoskins, Michael Palin, Ian Richardson, Jim Broadbent, Peter Vaughan e Kim Greist. Duração: 142 minutos. Distribuição: Flashstar.

Terry Gilliam é formado em Artes Plásticas e era o único americano do grupo de humor inglês Monty Python. Sua carreira como diretor sempre foi marcada por histórias fora do convencional, seja utilizando material de outros roteiristas e, principalmente, quando utiliza material próprio. *Brazil – O Filme* é um típico "Terry Gilliam". Na trama somos apresentados a um mundo em um futuro não muito distante. Neste mundo existe um governo opressor e autoritário que exerce forte vigilância sobre seus cidadãos. Apesar de tudo isso, um funcionário público, Sam Lowry (Jonathan Pryce), se apaixona perdidamente por uma terrorista, Jill Layton (Kim Greist), que ele conhece apenas de sonhos recorrentes. Apuro visual, roteiro intricado, delírios geniais, situações absurdas, tudo o que costuma compor os filmes dirigidos por Gilliam estão presentes em abundância neste filme. E o melhor de tudo é que, por mais absurdo que possa parecer, existe uma harmonia incontestável. Além do mais, a bela canção *Aquarela do Brasil*, de Ary Barroso, tem papel importante no desenrolar da história. Para se ver de coração e mente abertos.

DURVAL DISCOS

BRASIL 2002

Direção: Anna Muylaert

Elenco: Ary França, Etty Fraser, Isabela Guasco, Leticia Sabatella, Marisa Orth, Rita Lee, André Abujamra, Theo Werneck, Tania Boldezan e Marcelo Mansfield. Duração: 93 minutos. Distribuição: Europa Filmes.

Longa de estréia da diretora e roteirista Anna Muylaert, "cria" da TV Cultura, onde participou da equipe de criação e direção de diversos programas, entre eles *Mundo da Lua* e *Castelo Rá Tim Bum*. Aqui, acompanhamos o dia-a-dia de Durval (Ary França), um cara meio hippie, solteirão, que ainda mora com a mãe (Etty Fraser) e tem uma loja de discos que dá título ao filme. Ele é "das antigas". Se recusa a vender CDs. Seu grande "barato" é o vinil, os velhos LPs ou "bolachões", que ele defende de maneira apaixonada. Tudo vai bem até a chegada de uma menina (Isabela Guasco), que muda completamente a rotina de Durval e sua mãe. Anna Muylaert faz de seu filme uma grande metáfora de nossas vidas, que, assim como um disco de vinil, tem um lado A e um lado B. Seu filme trabalha os dois lados de maneira brilhante e revela uma diretora-roteirista de talento incontestável. É preciso também destacar o elenco, em especial Ary França, que consegue criar uma personagem quase caricatural de maneira complexa e convincente. *Durval Discos* foi o grande vencedor do Festival de Cinema de Gramado de 2002, com sete Kikitos.

NO DIRECTION HOME - BOB DYLAN

NO DIRECTION HOME: BOB DYLAN

EUA 1985

Direção: Martin Scorsese

Documentário. Duração: 207 minutos. Distribuição: Paramount.

O diretor Martin Scorsese nunca escondeu de ninguém sua paixão pela música em geral, e pelo rock em particular. As trilhas sonoras de seus filmes, na maioria das vezes, possuem algum clássico do gênero. Paralelo a isso, Scorsese sempre se envolveu, seja como montador, produtor ou diretor, de inúmeros projetos envolvendo música. E isso começou cedo. Seu primeiro trabalho profissional foi na sala de montagem do filme que documentou o Festival de Woodstock. Em *No Direction Home* a estrela é Robert Allen Zimmerman, mais conhecido como Bob Dylan. Este documentário tenta desvendar o mito e a extraordinária trajetória de Dylan, desde suas raízes no seu estado natal, Minnesota, passando por suas primeiras aparições nas cafeterias do Greenwich Village, em Nova York, até sua tumultuada ascensão ao estrelato em 1966. Trata-se basicamente de material de arquivo que Scorsese garimpa como poucos e nos apresenta de maneira vigorosa e apaixonada, com algumas cenas raras, nunca vistas, tanto de apresentações ao vivo quanto de entrevistas, com o recluso astro da música. Um filme que captura a ebulição criativa no momento mais crucial da carreira desse grande artista.

RASHOMON

RASHOMON

JAPÃO 1950

Direção: Akira Kurosawa

Elenco: Toshiro Mifune, Masayuki Mori, Machiko Kyo, Takashi Shimura, Minoru Chiaki, Kichijiro Ueda, Daisuke Kato e Fumiko Homma. Duração: 88 minutos. Distribuição: Versátil.

Akira Kurosawa é o mais conhecido dos cineastas japoneses de todos os tempos. Ele iniciou sua carreira em meados dos anos 1930 como assistente de direção. Sua estréia como diretor aconteceu no início dos anos 1940. Ele já era um nome reconhecido no Japão, mas, foi a partir da exibição de *Rashomon* no Festival de Veneza de 1951, quando ganhou o Leão de Ouro de melhor filme, que o Ocidente passou a acompanhar mais atentamente a obra desse genial diretor. *Rashomon* tem como cenário o Japão do Século XI. Tudo começa com uma conversa entre três homens: um lenhador (Takashi Shimura), um padre (Minoru Chiaki) e um plebeu (Kichijiro Ueda). Eles se refugiam de uma tempestade sob as ruínas do portal de Rashomon. O padre começa a relatar um julgamento do qual participou como testemunha envolvendo o estupro de uma mulher (Machiko Kyo) por um bandido (Toshiro Mifune) e o assassinato do samurai, Takehiro (Masayuki Mori), seu marido. Kurosawa, que escreveu o roteiro junto com Shinobu Hashimoto baseado nos contos de Ryûnosuke Akutagawa, inova na narrativa ao contar uma mesma história a partir de quatro pontos de vista diferentes. Um filme carregado de inspiração e que até hoje é referência na História do Cinema.

O BANHEIRO DO PAPA

EL BAÑO DEL PAPA

URUGUAI 2007

Direção: César Charlone e Enrique Fernández

Elenco: César Troncoso, Virginia Méndez, Mario Silva, Virginia Ruiz, Nelson Lence, Henry De Leon, Jose Arce e Hugo Blandamuro. Duração: 97 minutos. Distribuição: Imovision.

César Charlone ficou mundialmente conhecido como o diretor de fotografia de *Cidade de Deus*, filme dirigido em 2002 por Fernando Meirelles e que lhe rendeu uma indicação ao Oscar no ano seguinte. Ao lado de Enrique Fernández ele divide sua estréia na direção de longas com este *O Banheiro do Papa*. Tudo acontece em 1988, quando é comunicado que o papa João Paulo II fará uma visita à pequena cidade de Melo, no Uruguai. Cerca de 50 mil pessoas são esperadas para acompanhar a chegada de sua santidade. Nesse contexto, Beto (César Troncoso), que vive da venda de produtos que traz do Brasil em sua bicicleta, decide construir um banheiro em frente de sua casa. Ele imagina que um grupo tão grande de pessoas precisará, em algum momento, de um banheiro. Charlone e Fernández contam a história de um homem que sintetiza todo um povo. Beto sonha com dias melhores e luta com sacrifício para colocar suas ideias em prática. A amargura do difícil cotidiano dos moradores é compensada pela humanidade e humildade que eles transmitem uns com os outros e a câmara dos diretores não deixa de captar nenhum desses momentos. Sempre com poesia e carinho.

FITZCARRALDO

FITZCARRALDO

ALEMANHA/PERU 1982

Direção: Werner Herzog

Elenco: Klaus Kinski, Claudia Cardinale, José Lewgoy, Paul Hittscher, Miguel Angel Fuentes, Grande Otelo e Milton Nascimento. Duração: 157 minutos. Distribuição: Versátil.

O alemão Werner Herzog sempre foi, literalmente, um cineasta do mundo. Inquieto e curioso, ele já percorreu com sua câmara os lugares mais exóticos, estranhos e belos do planeta. As histórias que ele conta, seja em ficção ou em documentário, costumam também fugir sempre do lugar-comum. Não é diferente em *Fitzcarraldo*, filme que ele escreveu e dirigiu em 1982 e que conta a história do aventureiro Brian Sweeney Fitzgerald (Klaus Kinski), que no final do Século XIX, no apogeu do ciclo da borracha na Amazônia peruana, sonha construir um grande teatro de ópera no meio da selva. Para tornar seu sonho realidade, ele faz com que centenas de índios arrastem um barco a vapor de quase 200 toneladas pela coração da floresta amazônica. A impressão que temos ao ver o filme é que Herzog refez os passos de Fitzgerald nos mínimos detalhes. O gigantismo do feito é mostrado no filme em toda a sua loucura e de maneira grandiosa. Klaus Kinski, ator-fetiche do diretor, com quem teve inúmeras brigas durante a produção, brilha sozinho e intensamente. Um filme que a gente ver e muitas vezes chega a duvidar do que está vendo. Além da belíssima Claudia Cardinale, preste atenção no elenco brasileiro que participa do filme, que inclui o cantor Milton Nascimento.

RIO

EUA 2011

Direção: Carlos Saldanha

Animação. Duração: 95 minutos. Distribuição: Fox.

Foi preciso que um brasileiro radicado nos Estados Unidos se transformasse no diretor sul-americano mais bem sucedido em Hollywood para realizar um filme de animação que mostrasse nosso país de uma maneira tão bonita e apaixonante. Carlos Saldanha foi estudar fora e em pouco tempo se tornou uma referência em desenhos feitos por computador. Ele também é sócio do estúdio Blue Sky, maior rival da Pixar. Sua criação, o Scrat, apresentado em um curta-metragem, terminou dando origem à franquia *A Era do Gelo*. No desenho *Rio*, a personagem Blu, uma arara macho, de cor azul, é retirado ainda bebê de uma mata no Rio de Janeiro e vai parar em um estado frio dos Estados Unidos. Último macho de sua espécie, ele é encontrado por um especialista em aves que quer salvá-lo da extinção. Só que para isso, eles terão que viajar para a cidade maravilhosa, onde ele conhece Jade, uma fêmea igual a ele. Nem é preciso dizer que tudo dá errado. *Rio* tem um ritmo vertiginoso e mostra a capital carioca linda, colorida, divertida e cheia de suingue. Mostra também as dificuldades que muitos moradores enfrentam. Principalmente, as crianças abandonadas, representadas pelo menino Rafael. Saldanha realiza uma animação de enorme beleza plástica e rica em texturas das mais diversas. Um filme que exala paixão, carinho e amor por um país em geral, e por uma de suas cidades em particular. Um desenho que exprime magnificamente a vida pulsante de uma cidade maravilhosa, cheia de encantos mil e coração do nosso Brasil.

SPIDER - DESAFIE SUA MENTE

SPIDER

CANADÁ 2002

Direção: David Cronenberg

Elenco: Ralph Fiennes, Miranda Richardson, Gabriel Byrne, Lynn Redgrave, John Neville, Bradley Hall, Gary Reineke e Philip Craig. Duração: 98 minutos. Distribuição: Versátil.

O cineasta canadense David Cronenberg costuma explorar o corpo humano em seus filmes. Em *Spider – Desafie Sua Mente* este tema recorrente na obra do diretor se faz presente de novo. Só que desta vez, como o próprio subtítulo nacional já antecipa, a mente humana está no centro de tudo. O filme conta a história de um homem solitário, vivido de maneira precisa e comovente pelo ator Ralph Fiennes. Ele é atormentado por um trauma de infância e volta ao bairro onde foi criado após um longo período internado em um hospital psiquiátrico. *Spider* é um drama psicológico de roteiro intricado, porém, apesar da aparente "confusão" narrativa, é extremamente bem amarrado e conduzido com maestria por Cronenberg. Além do talento excepcional para contar histórias incomuns, o diretor possui uma marca bem curiosa e interessante: não gasta muita película. Seus filmes, com raras exceções, não ultrapassam a barreira dos 100 minutos.

PERDIDOS NA NOITE

MIDNIGHT COWBOY

EUA 1969

Direção: John Schlesinger

Elenco: Dustin Hoffman, Jon Voight, Brenda Vaccaro, John McGiver, Ruth White, Sylvia Miles, Barnard Hughes, Jennifer Salt e Bob Balaban. Duração: 113 minutos. Distribuição: Fox.

Perdidos na Noite, filme dirigido em 1969 por John Schlesinger, faz parte de uma leva muito especial de filmes produzidos nos Estados Unidos no período de 1967 a 1978, talvez a época mais "adulta" do cinemão hollywoodiano. Com roteiro de Waldo Salt, baseado no romance de James Leo Herlihy, acompanhamos o jovem Joe Buck (Jon Voight, em seu primeiro papel na telona), um vaqueiro bonitão do Texas. Ele chega a Nova York convencido de que é a salvação das mulheres solitárias. No entanto, as coisas nem sempre acontecem da maneira que a gente espera. O único amigo de Buck é Ratso Rizzo (Dustin Hoffman, na esteira do sucesso de *A Primeira Noite de Um Homem*), um sujeito cheio de sonhos e grandes ideias, mas que vive à custa dos outros. Buck e Ratso são apenas mais dois excluídos de uma sociedade que oferece muito, porém, cobra muito também. O desempenho da dupla principal dispensa elogios de tão perfeito e a direção segura de Schlesinger nos transmite um senso de realidade muito forte neste filme que influenciou diversos outros realizados ao longo dos anos 1970. *Perdidos na Noite* recebeu sete indicações ao Oscar de 1970: melhor filme, direção, roteiro, ator, ator coadjuvante, atriz coadjuvante e montagem. Levou as três primeiras.

AMOR SEM ESCALAS

UP IN THE AIR

EUA 2009

Direção: Jason Reitman

Elenco: George Clooney, Vera Farmiga, Anna Kendrick, Jason Bateman, Amy Morton, Melanie Lynskey, J.K. Simmons, Sam Elliott e Danny McBride. Duração: 109 minutos. Distribuição: Paramount.

Costumam dizer que filho de peixe, peixinho é. No caso do cineasta Jason Reitman, filho do também cineasta Ivan Reitman, essa equação talvez funcione ao contrário. *Amor Sem Escalas*, péssima tradução nacional para *Up in the Air*, é seu terceiro filme. Acompanhamos o dia-a-dia de Ryan Bingham (George Clooney), um cara que passa mais tempo voando do que em terra firme. Seu trabalho é demitir aqueles funcionários que os patrões não têm coragem de dispensar. Em tempos de crise econômica, Ryan não tem do que reclamar, afinal, serviço é o que não falta. Em uma das viagens ele conhece Alex (Vera Farmiga). Paralelo a isso, Ryan precisa treinar Natalie (Anna Kendrick), uma colega de empresa que desenvolveu um novo sistema de demissão. Reitman, autor do roteiro a partir do romance de Walter Kirn, desenvolve uma história aparentemente cínica para discutir questões mais sérias como solidão, desemprego, adequação e relações familiares e amorosas. Tudo isso embalado por uma trilha sonora acertada, uma montagem ágil, tomadas aéreas inusitadas e criativas, além de um elenco cheio de carisma e extremamente a vontade em cena. Precisa mais?

DEUS E O DIABO NA TERRA DO SOL

BRASIL 1964

Direção: Glauber Rocha

Elenco: Othon Bastos, Mauricio do Valle, Geraldo Del Rey e Yoná Magalhães. Duração: 125 minutos. Distribuição: Versátil.

Inspirado pelo Neorrealismo italiano e pela *Nouvelle Vague* francesa, o movimento do Cinema Novo ganha um impulso espetacular com o lançamento em 1964 de *Deus e o Diabo na Terra do Sol*, de Glauber Rocha. Foi com este filme que o diretor brasileiro mais influente de todos os tempos cunhou a frase: uma idéia na cabeça e uma câmara na mão. Na trama, acompanhamos o vaqueiro Manuel (Geraldo Del Rey), que após matar o patrão, foge com sua mulher Rosa (Yoná Magalhães) pelo sertão nordestino. Pelo caminho vai encontrando figuras estranhas, entre elas, o temível Antônio das Mortes (Maurício do Vale) e Corisco (Othon Bastos). *Deus e o Diabo na Terra do Sol*, apesar de sua inspiração nos movimentos cinematográficos da Itália e da França, "bebe" também um pouco da fonte do faroeste americano e mistura tudo isso com elementos da literatura de cordel. O ritmo é fragmentado. Cortes rápidos e secos. Um senso de urgência que faz de *Deus e o Diabo* um filme marcante em todos os sentidos. Indicado à Palma de Ouro no Festival de Cannes e vencedor de diversos prêmios internacionais transformou Glauber em um nome conhecido mundialmente. Para muitos estudiosos, esta é sua obra maior.

GAROTOS INCRÍVEIS

WONDER BOYS

EUA 2000

Direção: Curtis Hanson

Elenco: Michael Douglas, Tobey Maguire, Frances McDormand, Katie Holmes, Rip Torn, Philip Bosco, Alan Tudyk, Richard Thomas e Robert Downey Jr. Duração: 112 minutos. Distribuição: Warner.

Curtis Hanson talvez seja o mais subvalorizado diretor de cinema americano dos últimos anos. Sua filmografia não é das mais extensas, porém, suas escolhas são sempre de qualidade e sua narrativa segue o padrão clássico hollywoodiano. Depois do enorme sucesso de público e crítica obtido por *Los Angeles – Cidade Proibida*, Hanson poderia ter ficado no porto seguro de contos policiais sombrios, porém, optou por tomar um rumo diferente. *Garotos Incríveis* foi seu trabalho seguinte e comprova mais uma vez seu talento como contador de histórias. Aqui, a ação se concentra quase que inteiramente em um final de semana. Graddy Tripp (Michael Douglas), é um renomado professor de literatura inglesa e tem muitos problemas por resolver. O principal deles é conseguir terminar seu segundo livro, que está cada vez maior. O outro, diz respeito à sua amante (Frances McDomand), grávida dele e casada com seu chefe. Seu agente (Robert Downey Jr.) aparece para cobrar a conclusão do novo livro, ao mesmo tempo em que um de seus alunos (Tobey Maguire), uma espécie de versão mais jovem dele próprio, o ajuda em um assunto delicado que surge de última hora. A impressão é que temos muita coisa acontecendo ao mesmo tempo, e temos mesmo, no entanto, Hanson dá conta de tudo com maestria e sensibilidade, o que torna *Garotos Incríveis* uma grata surpresa.

FLORES PARTIDAS

BROKEN FLOWERS

EUA 2005

Direção: Jim Jarmusch

Elenco: Bill Murray, Jeffrey Wright, Sharon Stone, Frances Conroy, Jessica Lange, Tilda Swinton, Julie Delpy, Chloë Sevigny e Chris McDonald. Duração: 105 minutos. Distribuição: Europa Filmes.

Jim Jarmusch surgiu na onda do novo cinema independente americano com filmes bem pessoais, rodados em preto-e-branco e com tramas fora do convencional que conquistaram os festivais de cinema do mundo todo. Outra característica marcante de seus trabalhos reside na excelência das trilhas sonoras. *Flores Partidas* tem tudo que é caro na filmografia de Jarmusch, com exceção do uso da cor. Na trama, Don Johnston (Bill Murray) é um solteirão convicto e milionário que acaba de levar um fora da namorada. A situação deixa ele perdido e beirando a depressão. É nesse estado de espírito que ele recebe uma carta anônima dentro de um envelope cor-de-rosa. O teor é explosivo para Don. Ele é informado que é pai de um jovem de quase 20 anos. Incentivado por seu vizinho Winston, papel hilário de Jeffrey Wright, acompanhamos a viagem de Don pelo interior dos Estados Unidos em busca de algumas ex-namoradas que poderiam ser a mãe desse filho inesperado e desconhecido. Jarmusch realiza um *road movie* de duplo sentido, uma vez que Don empreende duas viagens: uma física, por diferentes cidades e uma outra mais pessoal e íntima por seu próprio passado. No final, mais importante que a chegada ao destino, é o percurso que se revela compensador. E, para tornar tudo mais prazeroso, a trilha sonora é fabulosa. Uma "cortesia" de Winston, que entrega um CD para Don ouvir no carro.

A ÚLTIMA SESSÃO DE CINEMA

-THE LAST PICTURE SHOW-

EUA 1971

Direção: Peter Bogdanovich

Elenco: Jeff Bridges, Cybill Shepherd, Randy Quaid, Ben Johnson, Timothy Bottoms e Ellen Burstyn. Duração: 126 minutos. Distribuição: Sony.

Talvez não exista acontecimento mais triste para uma pequena cidade do que o fechamento de uma sala de cinema. Infelizmente, no Brasil, isso é algo bastante comum. Um cinema que fecha leva com ele toda emoção provocada pelos filmes que foram e seriam exibidos. Mais que um espaço cultural, a sala de cinema propicia interação. O cineasta americano Peter Bogdanovich sempre foi um estudioso da sétima arte e foi responsável por entrevistas importantes com grandes diretores do passado. Em *A Última Sessão de Cinema*, o seu filme de estreia e também o mais pessoal, ele conta um drama cheio de surpresas, de maneira franca e direta, com tristeza e amargura, sobre um grupo de jovens que mora em uma pequena cidade do interior do Texas e vive em uma sociedade extremamente castradora. O catalisador é justamente a sala de cinema e a derradeira sessão antes do fechamento definitivo. Bogdanovich trabalha com um elenco de jovens talentos, entre eles Jeff Bridges, em começo de carreira. Com sensibilidade e um olhar preciso sobre o que aparece em cena, o diretor chegou a ser saudado como o novo Orson Welles, por conta da qualidade deste seu primeiro filme. Rodado em preto e branco, *A Última Sessão de Cinema* é simplesmente precioso.

AMADEUS

AMADEUS

EUA 1984

Direção: Milos Forman

Elenco: Tom Hulce, F. Murray Abraham, Elizabeth Berridge, Jeffrey Jones, Roy Dotrice e Simon Callow. Duração: 180 minutos. Distribuição: Warner.

O cineasta tcheco Milos Forman já era um diretor respeitado no cinema americano, afinal, havia ganho cinco Oscar com *Um Estranho no Ninho*. Mas com *Amadeus*, versão cinematográfica da peça teatral escrita por Peter Shaffer, a recompensa foi bem maior, o filme levou oito Oscar da Academia. Livremente inspirado na vida do compositor Wolfgang Amadeus Mozart e na suposta rivalidade que o mesmo enfrentou por parte de Antonio Salieri, *Amadeus* é um primor de filme e se completa ainda mais com sua bela trilha sonora. Filmado em Praga e com atores que não eram muito conhecidos na época, no caso, Tom Hulce (Mozart) e F. Murray Abraham (Salieri), Forman manteve-se fiel ao clima da obra original e acrescentou movimento, cores e música de maneira impecável. Ele realizou um filme nos moldes do clássico cinema hollywoodiano. Uma obra acessível a todo tipo de público, do mais erudito ao menos escolado. *Amadeus* nos conquista por completo e consegue transformar uma trama longa e cheia de subtramas e subtemas em um filme que não sentimos o tempo passar. Cinema espetáculo da melhor qualidade.

DUBLÊ DE CORPO

BODY DOUBLE

EUA 1984

Direção: Brian De Palma

Elenco: Craig Wasson, Melanie Griffith, Gregg Henry, Deborah Shelton, Guy Boyd, Dennis Franz, David Haskell, Rebecca Stanley, Al Israel e Douglas Warhit. Duração: 114 minutos. Distribuição: Sony.

Brian De Palma costuma ser chamado, de maneira bastante rasteira, de "imitador" de Alfred Hitchcock. A afirmação é, no mínimo, carregada de desinformação. De Palma é, antes de tudo, um diretor excepcional e que não precisa imitar ninguém. Na verdade, o que ele faz é algo bem diferente: ele homenageia e subverte ao mesmo tempo. Em *Dublê de Corpo* é isso que ele faz com dois filmes de Hitchcock: *Janela Indiscreta* e *Um Corpo Que Cai*. Na trama, Jake Scully (Craig Wasson) é um ator desempregado que recebe um convite para tomar conta de um apartamento, de onde ele tem um telescópio para observar a linda vizinha que todas as noites faz um sensual *strip-tease*. Certo dia, Jake percebe que um outro homem a observa também. Dizer que *Dublê de Corpo* é uma simples imitação de Hitchcock é pensar pequeno. O cinema feito por De Palma é muito maior que isso. Sua obra é trabalho de mestre. Duvida? Basta ver este filme.

ABRIL DESPEDAÇADO

BRASIL 2001

Direção: Walter Salles

Elenco: Rodrigo Santoro, Ravi Ramos Lacerda, Rita Assemany, Othon Bastos, Luiz Carlos Vasconcellos, José Dumont, Wagner Moura e Gero Camilo. Duração: 99 minutos. Distribuição: Imagem Filmes.

O diretor Walter Salles adaptou o livro escrito pelo albanês Ismail Kadaré, que se passa na região rural da Albânia, para o interior do nordeste brasileiro. Em *Abril Despedaçado*, além das tramas que envolvem as personagens, outro ponto importante, ou melhor, outra personagem que tem papel marcante é a geografia da região onde a ação acontece. Honra e vingança se misturam e traçam um painel rudimentar, porém, preciso da dura vida de um nordeste que já existiu e que, ainda insiste em existir em algumas localidades. Estamos aqui em abril de 1930. Uma camisa manchada de sangue que balança ao vento é o sinal que vem mais sangue pela frente. Tonho (Rodrigo Santoro), filho do meio da família Breves, seguindo ordem de seu pai (José Dumont), deve vingar a morte do seu irmão mais velho, que foi vitimado por uma família rival. No meio do conflito exterior e interior vivido por Tonho, seu irmão mais novo, Pacu (Ravi Ramos Lacerda). O olhar de Walter Salles, sempre humanista, nunca se afasta de suas personagens um minuto sequer. Isso faz de *Abril Despedaçado* um filme carregado de poesia e lirismo, de otimismo e esperança. Enfim, de vida.

BRINCANDO NOS CAMPOS DO SENHOR

AT PLAY IN THE FIELDS OF THE LORD

EUA 1991

Direção: Hector Babenco

Elenco: Tom Berenger, John Lithgow, Darryl Hannah, Aidan Quinn, Kathy Bates, Tom Waits, Stênio Garcia, Nelson Xavier e José Dumont. Duração: 186 minutos. Distribuição: Europa Filmes.

Hector Babenco, cineasta brasileiro nascido na Argentina, já era um nome conhecido no mundo todo, graças ao sucesso de *Pixote* e *O Beijo da Mulher-Aranha*. Tudo isso fez com que o produtor Saul Zaentz o convidasse para dirigir a versão cinematográfica do romance de Peter Mathiessen, *Brincando nos Campos do Senhor*. Não foi uma tarefa fácil. Filmagens na Amazônia, elenco e técnicos multinacionais, o tempo e o tema conspirando contra, afinal, filmes "ecológicos" não costumam ser bem recebidos. Nem pela crítica e muito menos pelo público. Aqui, acompanhamos um casal de americanos evangélicos (Aidan Quinn e Kathy Bates) que, junto com o filho pequeno, se aventura pela floresta amazônica para catequizar os nativos. Um outro casal (John Lithgow e Darryl Hannah), que desenvolve um trabalho semelhante na região e, paralelo a isso, um outro americano, o mercenário vivido por Tom Berenger, descendente de índios dos Estados Unidos que se acultura dos ritos dos índios brasileiros. Há também os fazendeiros e madeireiros que desejam explorar ao máximo as riquezas do lugar. Babenco não perde ninguém de foco e nos mostra tudo e todos. *Brincando nos Campos do Senhor* só melhorou com o passar dos anos. Vê-lo agora só reforça sua mais forte característica: a de ser um filme adiante de seu tempo.

DESEJO E REPARAÇÃO

ATONEMENT

INGLATERRA 2007

Direção: Joe Wright

Elenco: James McAvoy, Keira Knightley, Saoirse Ronan, Harriet Walter, Vanessa Redgrave, Alfie Allen, Brenda Blethyn, Juno Temple e Benedict Cumberbatch. Duração: 122 minutos. Distribuição: Universal.

O filme anterior de Joe Wright havia sido *Orgulho e Preconceito*. Quando do lançamento de sua adaptação do romance *Atonement*, de Ian McEwan, o distribuidor nacional achou "bonito" um título com duas palavras e assim, "reparação", que seria a tradução correta do original, se transformou em *Desejo e Reparação*. A trama acontece inicialmente no ano de 1935, em uma propriedade no interior da Inglaterra. Cecília (Keira Knightley) é apaixonada por Robbie (James McAvoy), o filho do caseiro. A irmã mais nova dela, Briony (Romola Garai/Saoirse Ronan) tem sentimentos que não compreende e uma imaginação fértil. Um crime que ocorre nas redondezas e a chegada da Segunda Guerra Mundial modificam inteiramente e de maneira dramática a vida de Cecília, Robbie e Briony. O diretor Wright trabalha muito bem as diferentes linhas narrativas da trama, faz um uso criativo da música e ainda nos proporciona um belíssimo plano-seqüência na cena da praia de Dunquerque, no norte da França, durante a Guerra. Para coroar tudo, bem no final, uma participação luminosa de Vanessa Redgrave, vivendo Briony na terceira idade, simplesmente arrebatadora.

E SUA MÃE TAMBÉM

— Y TU MAMÁ TAMBIÉN —

MÉXXICO 2001

Direção: Alfonso Cuarón

Elenco: Diego Luna, Gael García Bernal, Maribel Verdú, Diana Bracho, Emilio Echevarría, Arturo Rios, Veronica Langer, Martha Aura e Daniel Gimenez Cacho. Duração: 105 minutos. Distribuição: Fox.

Alfonso Cuarón, ao lado de Guillermo Del Toro e Alejandro González Iñárritu, faz parte da trinca de cineastas que renovou o cinema mexicano nos últimos anos. Curiosamente, cada um deles possui um estilo bem pessoal e dos três, Cuarón talvez seja o mais versátil. Depois do sucesso internacional de *A Princesinha*, produção americana que ele dirigiu nos final dos anos 1990, ele poderia ter se acomodado e ganho muito dinheiro em Hollywood. No entanto, ele optou por voltar ao México para realizar *E Sua Mãe Também*, um filme que dificilmente ele conseguiria fazer nos Estados Unidos. A trama gira em torno de dois amigos, ambos com cerca de 17 anos e de classes sociais diferentes: Julio (Gael García Bernal) e Tenoch (Diego Luna). As namoradas deles estão viajando e sozinhos, eles aproveitam o período de férias. Durante uma festa, os dois, de brincadeira, convidam a mulher do primo de Tenoch para acompanhá-los em uma viagem até uma praia isolada. A espanhola Luiza (Maribel Verdú) recusa o convite, mas depois muda de idéia e topa fazer a viagem. Como em todo bom *road movie*, Cuarón usa a estrada como uma metáfora da vida e um ritual de transformação. No fundo, o que os garotos querem é transar com Luiza. Porém, a viagem revela surpresas intensas e inesperadas para o trio e, felizmente, também para nós, espectadores.

Direção: Gus Van Sant

Elenco: Alex Frost, Eric Deulen, John Robinson, Carrie Finklea, Kristen Hicks e Timothy Bottoms. Duração: 81 minutos. Distribuição: Warner.

Elefante, de Gus Van Sant, infelizmente, trata de um tema constante nos noticiários americanos: franco-atiradores que atentam contra inocentes em escolas e outros locais públicos. Vencedor da Palma de Ouro de melhor filme e melhor direção no Festival de Cinema de Cannes de 2003, acompanhamos aqui um trágico dia dentro de uma escola de ensino médio no interior dos Estados Unidos. Van Sant detalha o dia-a-dia dos alunos divididos entre tarefas de classe, jogos de futebol americano, fofocas e outras coisas que fazem parte do cotidiano escolar. O mais interessante é a maneira com que ele conduz sua história, o distanciamento com que ele vai desenvolvendo as personagens. Trata-se de um jogo de aparente inocência, porém, cheio de surpresas e uma revelação desconcertante e perturbadora. Esse tipo de narrativa não é coisa nova para Van Sant, um diretor que sempre soube escolher bem seus enredos (com exceção da refilmagem de *Psicose*). Um filme maduro e atual de um diretor que tem o que dizer e sabe muito bem como fazê-lo.

MATAR OU MORRER

HIGH NOON

EUA 1952

Direção: Fred Zinnemann

Elenco: Gary Cooper, Thomas Mitchell, Lloyd Bridges, Katy Jurado, Grace Kelly, Otto Kruger, Lon Chaney Jr., Harry Morgan, Ian MacDonald e Eve McVeagh. Duração: 84 minutos. Distribuição: Paramount.

Matar ou Morrer é antes de tudo um *western*. Ou melhor dizendo, um filme revolucionário. A trama, aparentemente bem conhecida, mostra um xerife de uma cidadezinha do velho oeste que tem que enfrentar o desejo de vingança de um criminoso que ele prendeu no passado. Nenhuma novidade até aqui, certo? No entanto, o diretor Fred Zinnemann resolveu contar essa história em tempo real. No original, o filme se chama *High Noon*, que pode ser traduzido como "meio-dia em ponto". A ação começa pouco antes das onze horas da manhã e se estende até pouco depois das doze, obedecendo a duração de pouco mais de 80 minutos. Gary Cooper vive o xerife em perigo, Will Kane. Ele acabou de se casar com a bela Amy (Grace Kelly) e precisa enfrentar o famigerado bandido Frank Miller (Ian MacDonald). Todos na cidade negam ajuda ao homem da lei. Muitos viram na postura dos moradores do local uma alusão ao Machartismo. Isso pouco importa. O que fica como saldo é um faroeste dos bons e vencedor de quatro Oscar: melhor ator (Gary Cooper), montagem, trilha sonora e canção. E tudo isso em uma hora e vinte minutos.

GRAN TORINO

GRAN TORINO

EUA 2008

Direção: Clint Eastwood

Elenco: Clint Eastwood, Christopher Carley, Bee Vang, Ahney Her, Brian Haley, Geraldine Hughes, Brian Howe, Dreama Walker, William Hill e John Carroll Lynch. Duração: 116 minutos. Distribuição: Warner.

Clint Eastwood não poderia ter escolhido personagem melhor que Walt Kowalski para se despedir do trabalho como ator. Veterano da guerra da Coréia, Kowalski acabou de perder a esposa e o mundo que conhecia deixou de existir há bastante tempo. Nada mais é como antes na sua vida. O trabalho, os amigos, os filhos, os carros e os vizinhos. Kowalski é rabugento e racista. E para piorar tudo, vive sozinho em um bairro "invadido" por estrangeiros. O maior orgulho que ele guarda do passado é o Ford Gran Torino, modelo 1972, que fica na sua garagem. Isso até a tentativa de roubo promovida por Thao (Bee Vang), um adolescente asiático, filho do sua vizinha. O castigo de Thao é trabalhar para ele até reparar seu erro e isso faz com que Kowalski tenha que encarar seus demônios interiores. Eastwood é um cineasta da "velha escola" e não precisa provar mais nada para ninguém. Mesmo assim, ele continua teimando em realizar pequenas obras-primas, como este *Gran Torino*. Um filme que poderia muito bem ser um canto de despedida da persona cinematográfica moldada ao longo de décadas pelo ator Clint Eastwood. Mas, aqui, o diretor Clint Eastwood a reavalia, atualiza e redime de maneira brilhante.

RETORNO A HOWARDS END

HOWARDS END

INGLATERRA 1992

Direção: James Ivory

Elenco: Anthony Hopkins, Emma Thompson, Helena Bonham Carter, Vanessa Redgrave, Joseph Bennett, Prunella Scales e Jemma Redgrave. Duração: 136 minutos. Distribuição: Spectra Nova.

Durante os anos 1980 e 1990 a trinca formada pelo produtor Ismail Merchant, pelo diretor James Ivory e pela roteirista Ruth Prawer Jhabvala era conhecida por suas excelentes adaptações cinematográficas de romances de época. *Retorno a Howards End* é um dos mais populares filmes realizados por eles. A partir do romance de E. M. Forster, estamos aqui na Inglaterra do início do século XX, em Howards End. Trata-se de uma bela casa de campo que pertence a uma tradicional família e que foi deixada como herança pela matriarca Ruth Wilcox (Vanessa Redgrave) para Margaret Schlegel (Emma Thompson, que ganhou o Oscar de melhor atriz por este filme). Ela é uma mulher culta e muita avançada para os padrões da época. Os filhos de Ruth pensam diferente da mãe e escondem a verdade de Margaret. Até que, tempos depois, o destino trata de "pregar" uma de suas peças. O filme reúne todos os elementos que marcaram os trabalhos do trio: cenários e figurinos caprichados, roteiro enxuto, direção segura e fluente, além, é claro, de uma produção cheia de requintes. Ao contrário de outras produções que costumam apenas ter muita cobertura e pouco recheio, *Retorno a Howards End*, como as demais obras assinadas por Ivory, é um colírio para os olhos, sem agredir a inteligência. Além do Oscar de Emma Thompson, ganhou outros dois: roteiro adaptado e direção de arte.

O NOME DA ROSA

DER NAME DER ROSE

ALEMANHA/FRANÇA/ITÁLIA 1986

Direção: Jean-Jacques Annaud

Elenco: Sean Connery, F. Murray Abraham, Christian Slater, Helmut Qualtinger, Michael Lonsdale, Ron Perlman e Valentina Vargas. Duração: 131 minutos. Distribuição: Warner.

Imagine uma mistura entre Sherlock Holmes, um monastério Beneditino da Idade Média e a Inquisição. Você estará próximo da trama de *O Nome da Rosa*, filme dirigido pelo francês Jean-Jacques Annaud, adaptado do romance homônimo do escritor italiano Umberto Eco. Enquanto o livro alia uma trama de investigação com relatos históricos e filosóficos da era medieval, o filme de Annaud se utiliza apenas dos aspectos detetivescos da obra literária. No ano de 1327, o monge franciscano William de Baskerville (Sean Connery), acompanhado pelo noviço Adso de Melk (Christian Staler), chega a um monastério para participar de uma conferência. No entanto, uma série de assassinatos misteriosos começa a ocorrer e William, dotado de uma brilhante habilidade dedutiva, decide investigar os crimes. Paralelo a isso, um antigo desafeto do monge detetive, o inquisidor Bernardo Gui (F. Murray Abraham) entra em cena para complicar ainda mais as coisas no lugar. *O Nome da Rosa* consegue transmitir com suas imagens o mesmo clima claustrofóbico do livro. A direção de Annaud, aliado a uma escolha precisa do elenco encabeçado pela figura carismática de Sean Connery no papel principal, fazem deste filme uma feliz combinação de arte e entretenimento.

AMARCORD

AMARCORD

ITÁLIA 1973

Direção: Federico Fellini

Elenco: Bruno Zanin, Pupella Maggio, Armando Brancia, Magali Noël, Ciccio Ingrassia, Nando Orfei, Luigi Rossi, Domenico Pertica, Fernando Vona e Josiane Tanzilli. Duração: 125 minutos. Distribuição: Versátil.

É comum que artistas recorram às suas memórias em seus trabalhos. Federico Fellini faz isso soberbamente em *Amarcord*, filme que assume já no título essa característica de recordação. Traduzido do dialeto falado em sua Rimini natal, *Amarcord* significa "eu me lembro". E é disso que trata esta fascinante obra do maior cineasta italiano de todos os tempos. Misturando drama e humor, Fellini conta uma história que mexe com lembranças da infância, da adolescência, do período escolar, das amizades eternas e das descobertas relacionadas ao mundo e ao sexo. O cinema de Fellini, sempre mágico, retrabalha essa gama enorme de emoções de maneira magistral. Figuras circenses, comuns em sua obra, obviamente estão presentes e o exagero da realidade ganha um colorido todo especial neste que talvez seja seu filme mais íntimo e pessoal. Qualquer outro diretor menos talentoso sucumbiria aos inúmeros clichês que costumam aparecer nesse tipo de história. Fellini não só escapa dessas armadilhas como consegue usá-las a favor de sua narrativa. Quando o filme foi realizado, em 1973, o cineasta já era um artista estabelecido e respeitado no mundo inteiro. Curiosamente, *Amarcord* tem um frescor de iniciante. Coisa de gênio. Puro e simples.

O PECADO MORA AO LADO

THE SEVEN YEAR ITCH

EUA 1955

Direção: Billy Wilder

Elenco: Marilyn Monroe, Tom Ewell, Evelyn Keyes, Sonny Tufts, Victor Moore, Oscar Homolka, Carolyn Jones, Doro Merande e Marguerite Chapman. Duração: 104 minutos. Distribuição: Fox.

O Comichão (ou Coceira) dos Sete Anos. Esta seria a tradução correta deste filme de Billy Wilder, que no Brasil e em Portugal recebeu o título de *O Pecado Mora ao Lado*. Cá entre nós, de vez em quando eles acertam nos títulos nacionais. Desta vez, a tradução ficou bem mais interessante e poética que o original. Na trama, Richard Sherman (Tom Ewell) fica sozinho em casa durante um período do verão. Sua mulher e filho viajam para o interior. Eles estão casados há sete anos e as coisas se complicam por conta da vizinha deles, chamada simplesmente de "a garota", vivida por um dos maiores ícones sexuais de toda a história do cinema: Norma Jeane Mortenson, mais conhecida como Marilyn Monroe. *O Pecado Mora ao Lado* já valeria a conferida somente pela cena em que o vestido da diva sobe assim que ela passa pela saída de ar do metrô, uma imagem clássica da sétima arte. Porém, como se trata de uma comédia escrita e dirigida por Billy Wilder, um dos diretores mais versáteis e criativos que já trabalhou em Hollywood, é programa mais do que recomendado. É obrigatório.

ANTES QUE O MUNDO ACABE

BRASIL 2009

Direção: Ana Luiza Azevedo

Elenco: Eduardo Cardoso, Murilo Grossi, Caroline Guedes, Bianca Menti, Eduardo Moreira, Janaína Kremer Motta e Pedro Tergolina. Duração: 99 minutos. Distribuição: Imagem Filmes.

Não é fácil realizar um filme sobre adolescentes. Existem muitas armadilhas. A tendência da maioria dos diretores/roteiristas é se ater aos lugares-comuns das zoações escolares e das primeiras transas. Da mesma forma que Laís Bodanzky conseguiu retratar esse universo sem cair nos tradicionais clichês em *As Melhores Coisas do Mundo*, Ana Luiza Azevedo traça um belo painel da adolescência em *Antes Que o Mundo Acabe*. Estamos aqui em Pedra Grande, pequena cidade do interior do Rio Grande do Sul. Daniel (Pedro Tergolina), um garoto de 15 anos, enfrenta problemas que parecem não ter solução: a indecisão e insegurança de sua namorada e o fato de seu melhor amigo ser acusado de ter roubado um micro da escola. Seu pai, que ele nunca conheceu, lhe manda cartas com fotos de lugares distantes que ele talvez nunca visite. Aos poucos, Daniel começa a perceber que o mundo é bem maior do que parece e que seus problemas não são assim tão grandes. A câmara de Ana Luiza, sem pressa alguma, mostra com bastante precisão e delicadeza as transformações sutis que começam a ocorrer na vida de Daniel e das pessoas com quem ele convive. E isso não é fácil.

O TURISTA ACIDENTAL

THE ACCIDENTAL TOURIST

EUA 1988

Direção: Lawrence Kasdan

Elenco: William Hurt, Kathleen Turner, Geena Davis, Amy Wright, Bill Pullman, Robert Gorman, David Ogden Stiers e Ed Begley Jr. Duração: 121 minutos. Distribuição: Warner.

Existem aqueles que adoram viajar. Outros precisam por conta do trabalho. Alguns até viajam, mas, gostam de se sentir em casa quando estão fora. Para este último grupo existe o guia do "turista acidental". Este é o caso de Macon Leary (William Hurt), que detesta viajar e fazer qualquer coisa fora de sua rotina já programada. No entanto, o trabalho de Macon o "obriga" a viajar continuamente. Ele escreve guias de viagens para quem não gosta de viajar. Baseado no livro de Anne Tyler e adaptado e dirigido por Lawrence Kasdan, esse é o mote inicial de *O Turista Acidental*. Macon é metódico e vem de uma família igualmente metódica. Sua vida vira de cabeça para baixo quando uma tragédia familiar modifica completamente sua rotina e motiva a separação de sua esposa, Sarah (Kathleen Turner), que não entende a aparente indiferença do marido. Um pequeno acidente doméstico faz com que ele conheça Muriel Pritchett (Geena Davis, no papel que lhe rendeu o Oscar de atriz coadjuvante). Kasdan, que iniciou a carreira como roteirista, sabe muito bem como estruturar uma história e faz isso com maestria neste tocante drama que tem seus bons momentos de "respiro" de humor, seja com a figura extrovertida de Muriel ou com a excêntrica família de Macon. E o elenco, é de primeira.

O SEGREDO DE BROKEBACK MOUNTAIN

BROKEBACK MOUNTAIN

EUA/CANADÁ 2005

Direção: Ang Lee

Elenco: Heath Ledger, Jake Gyllenhaal, Anna Faris, Anne Hathaway, Michelle Williams, Randy Quaid e Kate Mara. Duração: 134 minutos. Distribuição: Europa Filmes.

Normalmente na história do Oscar o melhor diretor também leva o prêmio de melhor filme. Afinal, se um filme é reconhecido como o que teve a melhor direção, a lógica indica que ele é também o melhor, certo? Bem, poucas vezes essa "lógica" não prevaleceu. Foi assim em 2006, quando Ang Lee ganhou como diretor e seu filme, *O Segredo de Brokeback Mountain*, que era efetivamente o melhor, perdeu para *Crash*, de Paul Haggis. Com roteiro adaptado por Larry McMurtry e Diana Ossana, a partir do conto de Annie Proulx, temos aqui a trajetória de duas pessoas ao longo de cerca de 20 anos. Essencialmente, trata-se de uma história de amor, que poderia ter acontecido entre um homem e uma mulher, entre duas mulheres ou entre dois homens, como é o caso em *O Segredo do Brokeback Mountain*. Ennis Del Mar (Heath Ledger) e Jack Twist (Jake Gyllenhaal) se conhecem e se apaixonam durante um trabalho de verão na montanha de Brokeback, supostamente localizada no estado de Wyoming, nos Estados Unidos. Ao longo das duas décadas seguintes eles tentam entender o que aconteceu naquele verão e o motivo da forte atração que sentem um pelo outro. Cada um passa a levar uma vida dupla com suas respectivas famílias e, sempre que possível, se reencontram na montanha. Ang Lee é um cineasta sensível e sabe lidar com temas polêmicos. Sua direção segura extrai desempenhos memoráveis do elenco, em particular da dupla principal, simplesmente soberba. Como eu já disse, trata-se de uma bela e triste história de amor que poderia ter acontecido exatamente da mesma maneira e com os mesmos conflitos entre um homem e uma mulher, entre duas mulheres ou entre dois homens, como é o caso aqui.

O SILÊNCIO DOS INOCENTES

THE SILENCE OF THE LAMBS

EUA 1991

Direção: Jonathan Demme

Elenco: Jodie Foster, Anthony Hopkins, Scott Glenn, Ted Levine, Anthony Heald, Diane Baker, Kasi Lemmons, Frankie Faison e Roger Corman. Duração: 118 minutos. Distribuição: Fox.

Apenas três filmes, até o momento, na história da Academia de Artes e Ciências Cinematográficas de Hollywood conquistaram os cincos Oscar nobres (filme, diretor, ator, atriz e roteiro): *Aconteceu Naquela Noite*, de Frank Capra (em 1934), *Um Estranho no Ninho*, de Milos Forman (em 1975) e *O Silêncio dos Inocentes*, de Jonathan Demme (em 1991). Este último, lançado no mês de fevereiro, causou surpresa maior ainda por ter sido premiado um ano depois de sua chegada aos cinemas, algo não muito comum em relação aos filmes que ganham o Oscar, que costumam ser os lançados entre outubro e dezembro. Para Demme representou uma grande mudança em sua carreira, já que ele até aquele momento era mais conhecido por suas comédias. *O Silêncio dos Inocentes* é baseado no livro de mesmo nome de Thomas Harris e teve o roteiro adaptado por Ted Tally. Na trama, uma agente do FBI, Clarice Starling (Jodie Foster), recebe como missão entrevistar o Dr. Hannibal Lecter (Anthony Hopkins), um psiquiatra canibal que está preso em um hospital psiquiátrico. Clarice precisa da ajuda de Lecter para traçar o perfil de Búfalo Bill, um serial killer procurado pela polícia. Antes de mais nada é preciso deixar bem claro que estamos diante de um dos melhores suspenses já produzidos pelo cinema em todos os tempos. Dito isso, é bom deixar claro também que apesar de ser um excepcional e chocante suspense, este filme não seria o mesmo sem as conversas e a relação simbiótica que se estabelece entre Clarice e Lecter, que encontram em Jodie Foster e Anthony Hopkins seus intérpretes definitivos. Demme acertou em tudo: roteiro, elenco, fotografia, montagem, trilha sonora e no ritmo que imprimiu na direção. Um tipo raro de filme, daqueles que nos deixa de boca aberta assim que ele acaba e com uma vontade louca de revê-lo mais e mais vezes.

BEIJOS E TIROS

KISS KISS BANG BANG

EUA 2005

Direção: Shane Black

Elenco: Robert Downey Jr., Val Kilmer, Michelle Monaghan, Corbin Bernsen, Dash Mihok, Larry Miller e Rockmund Dunbar. Duração: 103 minutos. Distribuição: Warner.

Shane Black ganhou fama com os roteiros de filmes de ação que escreveu a partir da segunda metade dos anos 1980. O principal deles foi *Máquina Mortífera*. Para sua estréia como diretor ele optou por adaptar parte de uma trama do livro de Brett Halliday *Bodies Are Where You Find Them*, algo como "Corpos Estão Onde Você os Encontra". Está aí a base da divertida comédia de ação, suspense e romance *Beijos e Tiros*. Antes do começo propriamente dito, um breve e inspirado prólogo apresenta as personagens principais. Anos depois vemos um deles, Harry Lockhart (Robert Downey Jr.), fugindo de uma tentativa frustrada de roubo que resultou na morte de seu parceiro de crime. Para não ser capturado pela polícia, ele entra em uma sala onde testes para atores estão sendo realizados. A cena é triste e hilária ao mesmo tempo e sozinha já valeria o filme. Porém, tem muito mais pela frente. Harry se muda para Hollywood e coisas bizarras começam a acontecer, o que faz essa história tomar rumos cada vez mais estranhos e surpreendentes. Para completar o elenco, temos a presença impagável de Val Kilmer como um detetive gay que irá treinar Harry para um papel no cinema e a sempre cativante Michelle Monaghan. *Beijos e Tiros* mistura diversos gêneros e de uma maneira tão original que esquecemos completamente que sua trama não tem pé nem cabeça. No final, pouco importa, a diversão está mais do que garantida.

CORAÇÃO SATÂNICO

ANGEL HEART

EUA 1987

Direção: Alan Parker

Elenco: Mickey Rourke, Robert De Niro, Lisa Bonet, Charlotte Rampling, Stocker Fontelieu, James Cotton, Michael Higgins e Charles Gordon. Duração: 108 minutos. Distribuição: Universal.

Harry Angel é um detetive particular que costuma aceitar qualquer caso que aparece. É até difícil culpá-lo de falta de critério. Na verdade, em tempos difíceis como o que ele vive, os negócios vão mal para todo mundo. Certo dia, ele recebe o chamado de um novo cliente, Louis Cyphre, que o contrata para encontrar um tal de Johnny Favourite. Bem, não há nada ruim que não possa piorar e é justamente isso o que acontece com Harry, papel de Mickey Rourke, neste intrigante suspense escrito e dirigido em 1987 por Alan Parker. a partir do livro de William Hjortsberg. Quanto mais o detetive investiga e entra em contato com pessoas que conviveram com Favourite, mais estranho, bizarro e assustador o filme vai ficando. Robert De Niro, que vinha do sucesso de seu Al Capone em *Os Intocáveis*, interpreta aqui uma figura tão assustadora quanto a que viveu no filme de Brian De Palma. No mais, é embarcar nessa verdadeira descida ao inferno conduzida com mão firme por Alan Parker em um período em que ele esbanjava versatilidade e talento.

APENAS UMA VEZ

ONCE

IRLANDA 2007

Direção: John Carney

Elenco: Glen Hansard, Markéta Irglová, Hugh Walsh, Gerry Hendrick e Alastair Foley. Duração: 96 minutos. Distribuição: Swen Filmes.

Apenas Uma Vez foi a grande surpresa do Oscar de 2008 quando ganhou o prêmio de melhor canção. Este pequeno e tocante filme irlandês, escrito e dirigido por John Carney, desde então vem conquistando cada vez mais fãs pelo mundo. A história é bem simples. Um talentoso músico leva a vida tocando seu violão nas ruas de Dublin e ajudando seu pai em uma oficina que concerta aspiradores de pó. Certo dia, ele conhece uma imigrante da República Tcheca que vende rosas para ajudar no sustento da família e que adora tocar piano. Os dois se encontram por acaso e, através da paixão que nutrem pela música, vivem uma experiência que muda a vida de ambos. A canção vencedora do Oscar, *Falling Slowly*, algo como "caindo bem devagar", foi composta pela dupla principal de atores: Glen Hansard e Markéta Irglová. Outra coisa curiosa nesta singela história de amor é que em momento algum ficamos sabendo os nomes das personagens. Com o perdão do trocadilho, *Once*, título original do filme, merece ser visto, nem que seja "apenas uma vez".

FALE COM ELA

HABLE CON ELLA

ESPANHA 2002

Direção: Pedro Almodóvar

Elenco: Javier Cámara, Dario Grandinetti, Leonor Watling, Rosario Flores, Mariola Fuentes, Roberto Álvarez e Geraldine Chaplin. Duração: 113 minutos. Distribuição: Fox.

Em relação ao universo feminino, Pedro Almodóvar está para o cinema assim como Chico Buarque está para a música popular brasileira. Poucos cineastas e compositores, respectivamente, conhecem tão bem a alma das mulheres como eles. No entanto, Almodóvar cria um paradoxo nesta que é uma de suas maiores obras. A começar pelo título, *Fale Com Ela*. Acompanhamos aqui a vida de duas mulheres que estão em coma. Elas não falam, algo único no cinema almodovariano. São os homens que falam. No caso, Benigno (Javier Cámara) e Marco (Dario Grandinetti). O primeiro é enfermeiro e o segundo é escritor. Benigno cuida de Alicia (Leonor Watling), uma bailarina. Marco é namorado de Lydia (Rosário Flores), uma toureira profissional. Aqui são os homens que falam, sem parar, com suas mulheres. *Fale Com Ela* é fruto da fase mais criativa de Almodóvar e foi realizado na seqüência de *Carne Trêmula* e *Tudo Sobre Minha Mãe*. Com um roteiro primoroso, atuações estupendas de Cámara e Grandinetti e uma direção mais que inspirada, *Fale Com Ela* consegue extrair poesia até na cena em que mostra o pior dos crimes que pode ser cometido contra mulheres. Em tempo, preste atenção nas duas participações super especiais: a da coreógrafa alemã Pina Bausch (a bailarina do Café Müller) e a do cantor e compositor brasileiro Caetano Veloso (cantando *Cucurrucucú Paloma* na festa).

SENHORES DO CRIME

EASTERN PROMISES

CANADÁ/INGLATERRA/EUA 2007

Direção: David Cronenberg

Elenco: Viggo Mortensen, Naomi Watts, Vincent Cassel, Armin Mueller-Stahl, Sinéad Cusack e Sarah-Jeanne Labrosse. Duração: 101 minutos. Distribuição: PlayArte.

Segundo trabalho do ator Viggo Mortensen com o diretor canadense David Cronenberg, *Senhores do Crime* foi realizado logo após *Marcas da Violência*. Ao invés de uma cidadezinha no interior dos Estados Unidos, estamos agora em Londres. Tudo começa quando Ana (Naomi Watts), que trabalha em um hospital, testemunha a morte de uma garota durante o parto na noite de Natal. Ao investigar o passado da jovem ela se vê envolvida com uma organização criminosa russa e recebe a ajuda do misterioso Nikolai (Mortensen), que "rouba" todas as cenas em que aparece. As obsessões de Cronenberg continuam presentes em *Senhores do Crime*, principalmente a obsessão pelo corpo humano, que tem seu momento maior em uma seqüência de luta dentro de uma sauna. Outro ponto forte e muito bem trabalhado no filme é o jogo de aparências que se estabelece entre as personagens. Direto ao ponto como de costume, Cronenberg não perde tempo com questões desnecessárias. Seus filmes continuam precisos em tudo, a começar pela duração, que gira em torno de 100 minutos. Mais um excelente exercício de concisão narrativa deste grande diretor.

NELSON FREIRE

BRASIL 2003

Direção: João Moreira Salles

Documentário. Duração: 102 minutos. Distribuição: VideoFilmes.

João Moreira Salles é um dos maiores documentaristas do mundo e aqui ele nos apresenta um dos maiores pianistas do planeta, o brasileiro Nelson Freire. O filme acompanha o artista desde que ele se revelou um prodígio, ainda menino, no interior de Minas Gerais, na pequena Boa Esperança de Minas, onde nasceu e começou a tocar piano aos três anos de idade. A câmara de Moreira Salles segue viajando pelo tempo e por diferentes lugares nos mostrando o dia-a-dia do pianista em sua casa, nos ensaios, concertos, recitais e nos camarins recepcionando e conversando com seus admiradores. Em um primeiro momento podemos pensar que se trata de um documentário voltado para um tipo de público bem específico, afinal, Nelson Freire não é um artista de música popular. Seu universo é o da música clássica. No entanto, já nos primeiros minutos, o diretor retira qualquer traço "elitista" que pudéssemos supor existir. Antes de mais nada, em *Nelson Freire*, acompanhamos a trajetória de um homem e esse fator humano é evidente em cada fotograma do filme. Temos aqui duas sensibilidades trabalhando em extrema harmonia: a de Moreira Salles, que como poucos sabe revelar coisas sem ser invasivo ou constrangedor, e a do próprio Freire, um artista tímido e de grande talento e humildade. Sem esquecer a trilha sonora, composta por peças de grandes compositores como Bach, Rachmaninoff, Tchaikovsky, Villa-Lobos, Schumann, Brahms e Chopin, é das melhores que existe.

ZODÍACO

ZODIAC

EUA 2007

Direção: David Fincher

Elenco: Mark Ruffalo, Jake Gyllenhaal, Robert Downey Jr., Anthony Edwards, Brian Cox, Charles Fleischer, Zach Grenier, Philip Baker Hall, Elias Koteas, John Lacy e Chloë Sevigny. Duração: 158 minutos. Distribuição: Warner.

Antes de tudo, *Zodíaco* não é um filme fácil. Aliás, os filmes dirigidos por David Fincher não costumam ser fáceis. Outro ponto importante: é um policial, porém, mais do que isso, trata-se de um filme sobre obsessões. Com roteiro de James Vanderbilt, baseado no livro escrito por Robert Graysmith, *Zodíaco* relata uma série de assassinatos ocorridos na região de San Francisco, na Califórnia, no início dos anos 1970. Três pessoas têm suas vidas transformadas por conta da obsessão que desenvolvem em relação ao *serial killer* e seus crimes. Mark Ruffalo é o policial David Toschi, que conduz as investigações. Robert Downey Jr., é o jornalista Paul Avery, do jornal *San Francisco Chronicle* e Jake Gyllenhaal vive o cartunista do mesmo jornal, Robert Graysmith e autor do livro que deu origem ao filme. Os três tentam descobrir a identidade do criminoso e nessa cruzada terminam por sacrificar muito de suas próprias vidas. Fincher realiza uma obra com a estética dos bons policiais dos anos 1970, com cores e enquadramentos que remetem aos filmes daquele período. O elenco, essencialmente masculino, está excepcional nesta perturbadora história que ao final, deixa mais perguntas do que respostas. E isso, pelo menos para mim, é muito bom. Uma curiosidade: o assassino de *Perseguidor Implacável* (Dirty Harry), filme dirigido por Don Siegel e estrelado por Clint Eastwood, é inspirado no verdadeiro Zodíaco.

LADRÕES DE BICICLETA

LADRI DI BICICLETTE

ITÁLIA 1948

Direção: Vittorio De Sica

Elenco: Lamberto Maggiorani, Enzo Staiola, Lianella Carell, Gino Saltamerenda, Vittorio Antonucci, Giulio Chiari e Elena Altieri. Duração: 93 minutos. Distribuição: Versátil.

Três anos depois do lançamento de *Roma: Cidade Aberta*, de Roberto Rossellini, filme-marco do movimento neorrealista italiano, um outro filme chamou a atenção do mundo: *Ladrões de Bicicleta*, de Vittorio De Sica. Antes de trabalhar como diretor, De Sica era mais conhecido e desfrutava de grande popularidade por conta de sua atuação em comédias. Os filmes que passou a dirigir eram completamente diferentes dos que ele havia feito como ator e isso pegou o público de surpresa. Em *Ladrões de Bicicleta* estamos na Itália pouco depois do fim da Segunda Guerra Mundial. Antonio Ricci (Lamberto Maggiorani) está desempregado. Todo os dias ele sai com seu filho Bruno (Enzo Staiola) para procurar emprego. Surge então uma oportunidade de trabalho, porém, é preciso que o empregado tenha uma bicicleta. Antonio tem uma e conquista a vaga. No entanto, algo inesperado acontece. A bicicleta é roubada. Pai e filho iniciam então uma incansável busca pelas ruas da cidade à procura do importante veículo de trabalho. A câmara de De Sica não perde um momento sequer. Sempre atenta, ela mostra de maneira intensa todo o desespero de Antonio, algumas vezes filtrando isso pelo olhar do pequeno Bruno. Além disso, o diretor aproveita para fazer uma sutil crítica ao domínio maciço, já naquela época do cinema americano. O trabalho de Antonio consiste em pregar cartazes de cinema. De Sica foi um dos três precursores do Neorrealismo, ao lado de Rossellini e Luchino Visconti. *Ladrões de Bicicleta* não é apenas um dos maiores representantes deste movimento italiano. É também um dos mais importantes filmes da História do Cinema.

YELLOW SUBMARINE

THE BEATLES: YELLOW SUBMARINE

INGLATERRA 1968

Direção: George Dunning

Musical Animado. Duração: 90 minutos. Distribuição: EMI Music.

Em 1968 os Beatles já não excursionavam mais e, independente disso, ainda desfrutavam de enorme popularidade. Era preciso então suprir a carência do público por novos "produtos" com o quarteto. No ano anterior eles haviam realizado o especial de TV *Magical Mystery Tour* para a BBC, que não ficou muito legal. Por conta disso, eles resolveram apostar nesta animação musical psicodélica dirigida por George Dunning. Em clima de "era uma vez... ou quem sabe duas", viajamos para Pepperland, um lugar distante e paradisíaco onde reina a música e a felicidade. A paz é perturbada quando os implacáveis Blue Meanis declaram guerra e ameaçam destruir tudo. Para salvar o dia, ninguém melhor que John Lennon, Paul McCartney, George Harrison e Ringo Starr, a bordo, é claro, de seu fabuloso Submarino Amarelo. O visual remete, propositalmente, ao álbum *Sgt. Pepper's*, obra máxima e revolucionária do grupo, assim como esta animação, que se revelou extremamente avançada e inovadora para a época. Preste atenção nos membros do quarteto fabuloso. O desenho reproduz o jeito de andar e os maneirismos de cada um deles e o resultado final vem repleto de boa música e muito bom humor.

O VENCEDOR

THE FIGHTER

EUA 2010

Direção: David O. Russell

Elenco: Mark Wahlberg, Christian Bale, Amy Adams, Melissa Leo, Jack McGee, Melissa McMeekin, Dendrie Taylor, Jill Quigg e Jenna Lamia. Duração: 115 minutos. Distribuição: Imagem Filmes.

Apesar das aparências, *O Vencedor* não é um filme sobre boxe. Seguindo os exemplos de Martin Scorsese em *Touro Indomável* e de Clint Eastwood em *Menina de Ouro*, o diretor David O. Russell utiliza o boxe como pano de fundo para um forte drama familiar de superação. Baseado em fatos, o filme conta a história de Dicky Ecklund (Christian Bale), uma lenda do boxe que jogou fora todo o seu talento por causa das drogas. A chance de redenção aparece na figura de seu meio-irmão Micky Ward (Mark Wahlberg), também lutador, que tem a chance de se tornar campeão. Russell, que entre seus trabalhos anteriores dirigiu *Três Reis*, é um excelente diretor de atores e também tem um domínio completo do que aparece em cena. O quarteto principal deste filme está soberbo. Não por acaso, dois deles foram premiados com o Oscar de melhor coadjuvante em 2011. Christian Bale, que emagreceu para o papel, faz uma personagem tão forte e bem construída com a qual temos repulsa e compaixão ao mesmo tempo. Melissa Leo, a mãe dos dois, está na medida certa também. Mesmo não tendo sido premiados, Amy Adams, que interpreta a namorada de Micky, e Mark Wahlberg, que além de atuar também é um dos produtores do filme, demonstra uma humildade fabulosa ao "deixar" o irmão e a mãe brilharem. Em tempo: os verdadeiros Dicky e Micky aparecem durante os créditos finais.

O SELVAGEM DA MOTOCICLETA

RUMBLE FISH

EUA 1983

Direção: Francis Ford Coppola

Elenco: Matt Dillon, Mickey Rourke, Vincent Spano, Diane Lane, Diana Scarwid, Nicolas Cage, Dennis Hopper, Tom Waits, Chris Penn, Laurence Fishburne e Sofia Coppola. Duração: 94 minutos. Distribuição: Universal.

O diretor Francis Ford Coppola realizou ao longo dos anos 1970 quatro obras marcantes: *O Poderoso Chefão – Partes I e II, A Conversação* e *Apocalypse Now*. Na primeira metade dos anos 1980, com orçamento reduzido e utilizando um elenco jovem completamente desconhecido, ele adapta para o cinema duas obras da escritora S. E. Hinton, filmadas quase que simultaneamente: *Vidas Sem Rumo* e *O Selvagem da Motocicleta*. Nomes como Tom Cruise, Patrick Swayze, Matt Dillon, Rob Lowe, Ralph Macchio e Emilio Estevez estavam no elenco de *Vidas Sem Rumo* e ganharam destaque a partir deste filme, que retrata o universo jovem de uma maneira nova e original. Mais original ainda foi a forma com que ele realizou *O Selvagem da Motocicleta*, pavorosa tradução para *Rumble Fish*, algo como "peixe de briga". Filmado em preto-e-branco (apenas os peixinhos do aquários são coloridos), o filme conta a história do jovem Rusty James (Matt Dillon), que mora em uma pequena cidade industrial do interior dos Estados Unidos. Rusty quer encontrar seu lugar no mundo, mas não sabe como. Enquanto isso, vive à sombra da fama do irmão mais velho, o "garoto da motocicleta" (Mickey Rourke), que foi embora da cidade. Uma briga entre gangues provoca mudanças na vida de Rusty e, justo nesse momento, seu irmão reaparece. Coppola, que escreveu o roteiro junto com a autora do livro, disse à época do lançamento que fez o filme em preto-e-branco por causa do daltonismo da personagem-título. As únicas cores que ele consegue distinguir são as cores dos peixinhos do aquário. Coppola, com sensibilidade e extremo apuro visual, realiza um pequeno grande filme que, além do brilho da direção, do roteiro, do elenco e da fotografia, a trilha sonora composta pelo baterista do Police, Stewart Copeland, é soberba. Uma curiosidade: a autora do livro faz uma ponta como a prostituta do *strip*.

ONDE COMEÇA O INFERNO

RIO BRAVO

EUA 1959

Direção: Howard Hawks

Elenco: John Wayne, Dean Martin, Ricky Nelson, Angie Dickinson, Walter Brennan, Ward Bond, John Russell, Pedro Gonzalez e Estelita Rodriguez. Duração: 141 minutos. Distribuição: Warner.

Howard Hawks é um cineasta que sempre teve domínio completo do espaço cênico em seus filmes. Se existe uma obra em sua extensa filmografia que exemplifica com perfeição esse domínio, ela se chama *Onde Começa o Inferno*. Composto basicamente por três cenários (a delegacia, o bar e o hotel), o filme conta a história do xerife John T. Chance (John Wayne), que prende um assassino. Até aí, nada demais, já que a lei foi aplicada. O problema surge quando um bando de renegados contratado pelo irmão do preso chega a Rio Bravo, nome da cidade e título original do filme, para libertar o prisioneiro. Chance conta apenas com a ajuda de um bêbado (Dean Martin), um velho manco (Walter Brennan) e um jovem e impulsivo pistoleiro (Ricky Nelson) para defender a delegacia e impedir a libertação do criminoso. Hawks é um dos grandes mestres do gênero *western* e temos aqui uma de suas obras máximas. A grande força do filme, mais do que a ação e os diálogos, que são fantásticos, está presente na impecável construção das personagens. Além disso, o diretor era muito amigo do trio principal de atores e o clima de camaradagem é visível ao longo de todo o filme.

O CURIOSO CASO DE BENJAMIN BUTTON

THE CURIOUS CASE OF BENJAMIN BUTTON

EUA 2008

Direção: David Fincher

Elenco: Brad Pitt, Cate Blanchett, Taraji P. Henson, Julia Ormond, Jason Flemyng, Mahershala Ali, Jared Harris, Elias Koteas, Elle Fanning e Tilda Swinton. Duração: 165 minutos. Distribuição: Warner.

Ao contrário da regra natural da vida, Benjamin Button nasceu velho, doente e enrugado. Com o passar do tempo, ele foi ficando mais forte, sadio e jovem. Esse é o ponto de partida de *O Curioso Caso de Benjamin Button*, dirigido por David Fincher em 2008 e baseado no conto de mesmo nome escrito por F. Scott Fitzgerald, adaptado pelo roteirista Eric Roth. Diferente da maioria dos filmes, não existe um antagonista em *Benjamin Button*. Talvez o tempo faça esse papel. O filme também pode ser visto como uma grande metáfora do Século XX, um século que começou velho, preso ainda aos rigores e atrasos do Século XIX e foi se "modernizando" e rejuvenescendo ao longo das décadas. Na verdade, se analisarmos friamente a situação da personagem-título, veremos que não existem muitas diferenças entre sua vida e a dos demais. A dele apenas seguiu em sentido contrário, no entanto, há mais semelhanças entre velhos e crianças do que podemos supor em uma rápida análise. Perfeccionista ao extremo, Fincher "capricha" nos efeitos especiais e em todos os aspectos técnicos do filme. Brad Pitt, que faz o papel principal, convence em todas as faixas etárias e encontra nas atrizes Cate Blanchett (Daisy) e Taraji P. Henson (Queenie) o contraponto perfeito. *O Curioso Caso de Benjamin Button* foi comparado a *Forrest Gump*. Nada mais natural, uma vez que o roteiro de ambos foi escrito pela mesma pessoa. No entanto, no filme de Fincher a personagem principal interage mais e se beneficia do passar do tempo. No filme de Robert Zemeckis isso não acontece.

O PICOLINO

TOP HAT

EUA 1935

Direção: Mark Sandrich

Elenco: Fred Astaire, Ginger Rogers, Edward Everet Horton, Helen Broderick, Erik Rhodes e Eric Blore. Duração: 101 minutos. Distribuição: Warner.

"Heaven, I'm in heaven, and my heart beats so that I can hardly speak. And I seem to find the happiness I seek, when we're out together dancing, cheek to cheek". Mesmo que você não entenda os versos em inglês da música, é quase impossível não cantarolar e esboçar um sorriso meio bobo e apaixonado quando ouvimos Fred Astaire cantando *Cheek to Cheek* para Ginger Rogers, no musical *O Picolino.* Dirigido por Mark Sandrich, o filme conta a história de um bailarino, Jerry Travers (Astaire), que está trabalhando em Londres para o empresário Horace Hardwich (Edward Everet Horton). Certa noite, no hotel onde Horace está hospedado, Jerry apresenta-lhe um novo passo de dança. O barulho do sapateado incomoda a hóspede do andar de baixo, Dale Tremont (Rogers), que sobe para reclamar e quando conhece Jerry, bem... o amor está no ar. Mas, como nem tudo são flores em quase todo romance, algumas confusões e mal-entendidos dificultam a vida dos dois. Típico representante da primeira leva de musicais produzidos por Hollywood, *O Picolino* foi realizado em um período difícil da economia americana. Filmes como este tinham como objetivo principal "desligar" completamente o espectador de sua dura realidade. E isso, ele consegue com louvor. Fred Astaire aparece sempre de *smoking* e Ginger Rogers desfila uma coleção inteira de vestidos. Classe é o que não falta. Para ver, rever, sonhar e dançar de rostinho colado.

ANTES DA CHUVA

BEFORE THE RAIN

MACEDÔNIA 1994

Direção: Milcho Manchevski

Elenco: Rade Serbedzija, Katrin Cartlidge, Grégoire Colin, Labina Mitevska, Jay Villiers e Silvija Stojanovska. Duração: 113 minutos. Distribuição: Lume Filmes.

Guerras são insanas. Qualquer guerra. E muitas delas acontecem por razões que os próprios envolvidos desconhecem. Algumas são movidas por questões religiosas, o que em si, já é um paradoxo. Outras começam por causa da economia. E tem até aquelas que surgem por motivos ideológicos. Não importa o que as provocou. Por mais argumentos que as partes envolvidas possam ter, guerra será sempre sinônimo de irracionalidade. É justamente uma guerra que une as três histórias que compõem o filme *Antes da Chuva*, trabalho de estreia do cineasta macedônio Milcho Manchevski. Em meio aos conflitos de origem étnica e religiosas entre macedônios e albaneses, um jovem monge devoto do silêncio, acolhe uma menina perseguida sob a acusação de ter cometido um assassinato. Isso acontece no segmento *Palavras*. Depois, em *Rostos*, somos apresentados à editora de uma agência de fotos que vive em Londres e encontra-se dividida entre o marido e o amante. Por fim, no segmento *Imagens*, um premiado fotógrafo volta ao seu país natal. As três histórias terminam se completando e traçando um painel preciso da intolerância provocada pela guerra, que funciona aqui, como já foi dito, como ponto de ligação de uma estrutura que parece andar sempre em círculos. Assim como as guerras.

ROMANCE

BRASIL 2008

Direção: Guel Arraes

Elenco: Wagner Moura, Letícia Sabatella, Andréa Beltrão, José Wilker, Marco Nanini, Bruno Garcia, Edmilson Barros, Vladimir Brichta, Tonico Pereira e Edmilson Barros. Duração: 105 minutos. Distribuição: Buena Vista.

A vida imita a arte ou a arte imita a vida? Parece aquela outra questão histórica que envolve o ovo e a galinha. Em *Romance*, dirigido por Guel Arraes com roteiro dele próprio escrito em parceria com Jorge Furtado, vida e arte se misturam e se "imitam" constantemente. Tudo começa quando um casal de atores, Pedro (Wagner Moura) e Ana (Letícia Sabatella), se apaixonam durante a montagem de uma peça de teatro inspirada na tragédia de Tristão e Isolda. A partir daí, acompanhamos os altos e baixos do relacionamento dos dois, ao mesmo tempo em que somos apresentados a um outro casal, Fernanda (Andréa Beltrão) e Orlando (Vladimir Brichta). O roteiro brinca também com a velha rivalidade que existe entre atores de teatro e atores de televisão. E há espaço para debater se sucesso popular e integridade artística podem ou não andar juntos. Além de tudo isso, *Romance* é, essencialmente, uma história de amor e que fala muito sobre o amor. Arraes, que tem uma experiência vastíssima em televisão e que no cinema, até este filme, havia trabalhado com comédias como *O Auto da Compadecida*, *Caramuru* e *Lisbela e o Prisioneiro*, encontra aqui um perfeito equilíbrio entre o drama e o humor.

TAXI DRIVER

TAXI DRIVER

EUA 1976

Direção: Martin Scorsese

Elenco: Robert De Niro, Jodie Foster, Albert Brooks, Cybill Shepherd, Harvey Keitel, Leonard Harris, Peter Boyle, Diahnne Abbott, Frank Adu e Gino Ardito. Duração: 114 minutos. Distribuição: Sony.

1976 foi um ano difícil para a Academia de Artes e Ciências Cinematográficas de Hollywood. Cinco filmes disputavam o Oscar de melhor de filme: *Esta Terra é Minha*, *Rede de Intrigas*, *Rocky - Um Lutador*, *Todos os Homens do Presidente* e *Taxi Driver*. Qual deles você acha que levou o prêmio máximo? "Como assim? Tá falando comigo? Bem, eu não tô vendo ninguém mais por aqui? Então, tá falando comigo?". Agora indo direto ao assunto: *Taxi Driver*, de onde as frases citadas acima foram retiradas, é o filme que transformou Martin Scorsese em Martin Scorsese. Realizado em 1976 com um custo estimado de pouco mais de um milhão de dólares, esta obra-prima do cinema mundial continua influente e assustadoramente atual. Com roteiro de Paul Schrader, o filme conta a história de Travis Bickle (Robert De Niro, em interpretação visceral), um veterano da guerra do Vietnã que tem dificuldade para dormir. Cansado de gastar dinheiro nos cinemas pornôs noturnos, ele resolve trabalhar como motorista de táxi. Bickle é uma pessoa que perdeu completamente qualquer vínculo com a sociedade. Esse comportamento fica claro na total inabilidade dele em construir um relacionamento com Betsy (Cybill Shepherd). Sozinho e insone, ele perambula por uma Nova York suja, perigosa, enfumaçada e cheia de vícios. Após conhecer Iris (Jodie Foster), uma prostituta de apenas 14 anos, ele decide fazer alguma coisa para mudar aquele quadro degradante que ele testemunha diariamente andando pelas ruas. *Taxi Driver* é um filme tão cheio de simbolismos e significados que nunca seriam esgotados em um único texto. Diversos livros e inúmeros cursos já tiveram ele como tema principal e acreditem, não conseguiram esgotar toda a sua riqueza. É justamente isso que faz dele uma obra fundamental. Realmente, a Academia teve uma tarefa muito difícil em 1976 e terminou por escolher *Rocky – Um Lutador* como o melhor filme daquele ano. Sem desmerecer o vencedor e os demais concorrentes, a história se encarregou de mostrar qual deles era efetivamente o melhor.

KILL BILL - VOLUMES 1 e 2

– KILL BILL: VOL. 1 & 2 –

EUA 2003/2004

Direção: Quentin Tarantino

Elenco: Uma Thurman, Lucy Liu, Vivica A. Fox, Daryl Hannah, David Carradine, Michael Madsen, Julie Dreyfus, Chiaki Kuriyama, Sonny Chiba, Chia Hui Liu, Michael Parks, Bo Svenson e Sonny Chiba. Duração: 110 e 137 minutos. Distribuição: Imagem Filmes.

A idéia para o roteiro de *Kill Bill* surgiu em 1994, quando Quentin Tarantino estava promovendo *Pulp Fiction*. Primeiro veio a criação da personagem sem nome, conhecida simplesmente como "a Noiva", uma parceria entre o diretor e a atriz Uma Thurman. O projeto não andou além disso na época. Tarantino dirigiu então *Jackie Brown* e depois ficou seis anos sem dirigir filme algum. Nesse hiato, ele desenvolveu o resto da história e esperou o nascimento do segundo filho de Uma para iniciar as filmagens. *Kill Bill* é uma história de vingança. Inicialmente seria apenas um filme, porém, ficou longo demais e a Miramax sugeriu então que ele fosse dividido em duas partes, ou volumes, como terminou acontecendo. A trama começa com a Noiva (Thurman) acordando de um coma de cinco anos. Ela tem apenas um desejo: se vingar de Bill e seus comparsas, os responsáveis por sua "quase" morte. É curioso perceber que, apesar de contar uma única história, existem diferenças bem marcantes entre os volumes 1 e 2. O primeiro é mais dinâmico e colorido e Tarantino faz uso de recursos narrativos bem distintos, como o anime japonês, por exemplo, e o uso do preto-e-branco, além de fazer uma grande homenagem aos filmes de artes marciais. Já o segundo, é mais intimista e focado nos diálogos e tem como homenageado maior o italiano Sergio Leone e seus faroestes. Da mesmo maneira que havia ressuscitado a carreira de John Travolta, em *Pulp Fiction*, e de Pam Grier, em *Jackie Brown*, Tarantino ressuscita aqui a carreira de David Carradine, mais conhecido como o "gafanhoto", da série de TV dos anos 1970 *Kung Fu*. Ele vive Bill, aquele que a Noiva quer matar. Os dois volumes são bem violentos, porém, não se trata aqui de uma violência gratuita. Ela é sempre contextualizada e, antes de tudo, é uma violência gráfica, onde o sangue, como diria Jean-Luc Godard, não é sangue, é vermelho. Para ver um atrás do outro e prestar atenção, bem perto do fim do Volume 2, em um diálogo travado entre Bill e a Noiva, onde ele elabora uma interessantíssima teoria sobre o Super-Homem.

PSICOSE

PSYCHO

EUA 1960

Direção: Alfred Hitchcock

Elenco: Anthony Perkins, Janet Leigh, Vera Miles, John Gavin, Martin Balsam, John McIntire, Simon Oakland, Vaughn Taylor e Frank Albertson. Duração: 109 minutos. Distribuição: Universal.

Alfred Hitchcock, além de mestre do suspense era também um gênio do *marketing*. Ninguém, pelo menos naquela época e talvez ainda hoje, divulgava tão bem seus filmes como ele. Excepcional diretor, ele sabia como chegar ao seu público. Após o "fracasso" nas bilheterias de *Um Corpo Que Cai* e de *Intriga Internacional*, seus dois filmes anteriores, (ambos renderam menos que o esperado), Hitchcock queria agora algo que chocasse a audiência. Desse desejo de "dar a volta por cima" nasceu *Psicose*. Rodado em preto-e-branco, inteiramente em estúdio e com um orçamento de pouco mais de 800 mil dólares, o filme se tornou o mais rentável da carreira do diretor, com um faturamento superior a 50 milhões de dólares. O roteiro foi escrito por Joseph Stefano, a partir do romance de Robert Bloch, e conta a história de uma mulher, Marion Crane (Janet Leigh), que rouba 40 mil dólares da empresa onde trabalha e foge de carro pelo interior dos Estados Unidos. O cansaço e a forte chuva na estrada fazem com que ela pare em um motel, o Bates Motel, onde ela resolve passar a noite. Ao chegar lá, ela é atendida por Norman Bates (Anthony Perkins), o simpático filho da proprietária do lugar. Da mesma forma que o próprio Hitchcock, que aparecia na abertura do filme pedindo aos espectadores que não revelassem o desfecho do filme, eu também vou parar por aqui. De qualquer maneira, *Psicose* é um filme impecável em todos os aspectos. Um roteiro criativo, um elenco fabuloso, uma direção inspirada, uma montagem primorosa e uma trilha sonora, composta por Bernard Herrmann, marcante e inesquecível. E olha que eu nem falei da cena do chuveiro e do fato de Hitchcock ter utilizado Janet Leigh, uma estrela na época, por apenas 30 minutos.

CIDADE BAIXA

BRASIL 2005

Direção: Sérgio Machado

Elenco: Alice Braga, Lázaro Ramos, Wagner Moura, Harildo Deda, José Dumont, Ricardo Luedy, Olga Machado, Maria Menezes, João Miguel e Débora Santiago. Duração: 100 minutos. Distribuição: VideoFilmes.

A maior parte da produção cinematográfica brasileira se concentra no eixo Rio-São Paulo. No entanto, outros estados vêm se destacando nos últimos tempos. Além do Rio Grande do Sul, que já possui uma estrutura consolidada, temos três fortes polos em desenvolvimento no nordeste: Ceará, Pernambuco e Bahia. Filmes como *O Céu de Suely*, de Karim Aïnouz, e *Cinema, Aspirinas e Urubus*, de Marcelo Gomes, e este *Cidade Baixa*, de Sérgio Machado, foram realizados, respectivamente, nos três estados nordestinos citados acima. O filme conta a história de dois inseparáveis amigos, Deco (Lázaro Ramos) e Naldinho (Wagner Moura). Os dois ganham a vida fazendo fretes e aplicando golpes a bordo de um barco. Certo dia, eles conhecem a stripper Karinna (Alice Braga) e se apaixonam por ela. Um triângulo amoroso se forma e põe em xeque a amizade da dupla. Segundo trabalho como diretor do baiano Sérgio Machado, antes ele havia dirigido o belíssimo documentário *Onde a Terra Acaba*, aqui ele assina o roteiro em parceria com Karim Aïnouz. *Cidade Baixa* é intenso, dinâmico e carregado de uma tragédia anunciada. Além disso, tem no elenco três dos melhores atores da nova geração, sem contar que foi a estreia no cinema de outro grande ator, João Miguel, que faz o papel de Edvan.

KAGEMUSHA - A SOMBRA DO SAMURAI

KAGEMUSHA

JAPÃO 1980

Direção: Akira Kurosawa

Elenco: Tatsuya Nakadai, Tsutomu Yamazaki, Ken'ichi Hagiwara, Masayuki Yui, Jinpachi Nezu, Hideji Ôtaki e Daisuke Ryû. Duração: 159 minutos. Distribuição: Versátil.

Alguém duvida que Akira Kurosawa tenha realizado filmes verdadeiramente japoneses? Por mais estranha que pareça a pergunta, muitos japoneses pensavam que não. Cada nova produção significava ter que levantar dinheiro no Japão. Dinheiro que raramente era concedido. Felizmente, Kurosawa possuía uma legião de fãs cineastas no Ocidente que passaram a bancar seus filmes. Foi o que aconteceu com *Kagemusha – A Sombra do Samurai*, produzido por Francis Ford Coppola e George Lucas. Estamos aqui no Japão feudal do século XVI. Época repleta de guerreiros samurais. Um desses guerreiros, o maior deles, verdadeira lenda viva, é mortalmente ferido em uma batalha. Para que o inimigo não perceba o que aconteceu, ele manda seus discípulos procurarem por um sósia para substituí-lo em sua ausência. Qualificar *Kagemusha* de épico é redundante. Quase todos os filmes de Kurosawa são épicos. O que incomodava os japoneses mais puristas em relação aos trabalhos do diretor é que ele era considerado ocidental demais. Na verdade, o que ele fazia era uma perfeita mistura entre as duas culturas, utilizando muitas vezes história inspirada nas obras de William Shakespeare e adaptando-as para um contexto nipônico. Seus conterrâneos não entendiam assim e isso dificultou muito a vida de Kurosawa, principalmente na última década de sua carreira. *Kagemusha* é puro encantamento. Além de bonito de se ver, tem uma história que "brinca" em vários níveis com a questão da imagem que projetamos para os outros. O dilema do "duplo" não está na história por acaso e também nunca foi utilizado de maneira tão genial. Sem esquecer que, além dessas questões tão sérias, profundas e filosóficas, o filme ainda tem incríveis e estonteantes cenas de batalhas. É, sem dúvida alguma, o melhor de dois mundos.

PLANETA DOS MACACOS: A ORIGEM

RISE OF THE PLANET OF THE APES

EUA 2011

Direção: Rupert Wyatt

Elenco: Andy Serkis, James Franco, Freida Pinto, John Lithgow, Brian Cox, Tom Felton, David Oyelowo e Tyler Labine. Duração: 105 minutos. Distribuição: Fox.

Entre 1968 e 1973 a Fox produziu cinco filmes explorando o universo de *O Planeta dos Macacos*. Logo depois tivemos duas séries de televisão: uma animada e outra com atores. Em 2001 houve uma tentativa frustrada de revitalização da franquia através da "reimaginação" de Tim Burton. Dez anos depois, a Fox acerta ao decidir partir do ponto zero com este *Planeta dos Macacos: A Origem*. Tudo começa quando um cientista, Will Rodman (James Franco), ao pesquisar a cura para o Mal de Alzheimer, doença que acomete seu pai (John Lithgow), desenvolve um medicamento que, testado em macacos, revela-se capaz de ampliar a inteligência dos símios. Um deles se destaca, César, em interpretação assombrosa de Andy Serkis a partir do processo de captura de desempenho (aquela em que o ator veste uma roupa especial cheia de pontos eletrônicos e tem todos os movimentos capturados por um *scanner* e depois passados para o computador). Este novo filme, dirigido pelo quase estreante Rupert Wyatt, funciona perfeitamente em dois níveis bem distintos. Consegue ser um excelente ficção-científica de ação para um público que nada sabe sobre o universo retratado na história e também premia os fãs mais radicais que encontrarão, proporcionalmente distribuídos ao longo da trama, diversas referências aos filmes originais.

O EXORCISTA

THE EXORCIST

EUA 1973

Direção: William Friedkin

Elenco: Ellen Burstyn, Max von Sydow, Lee J. Cobb, Kitty Winn, Jack MacGowran, Jason Miller, Linda Blair, William O'Malley, Barton Heyman e Peter Masterson. Duração: 132 minutos. Distribuição: Warner.

Quando foi lançado nos cinemas, em 1973, o filme *O Exorcista*, dirigido por William Friedkin e com roteiro adaptado pelo próprio escritor do romance, William Peter Blatty, provocou fortes reações no público que foi vê-lo nas salas de exibição. Relatos de jornais da época dão conta de pessoas que desmaiaram, tiveram náuseas e até mesmo enfartaram durante a projeção do filme. Mesmo que descontemos os eventuais exageros, uma coisa é certa: *O Exorcista* foi e continua sendo uma obra que mexe com o imaginário de todos. Friedkin desfrutava ainda o sucesso de seu trabalho anterior, *Operação França*, quando assumiu o projeto, que era a grande aposta da Warner para aquele ano por conta da enorme expectativa em torno do filme desde o lançamento do livro, em 1971. A história, sem trocadilho, gira em torno da possessão demoníaca de uma garota de 12 anos, Regan, vivida pela estreante Linda Blair, que ficaria marcada por este papel. Sua mãe, Chris (Ellen Burstyn) recorre ao padre Karras (Jason Miller) e este pede ajuda ao padre Merrin (Max von Sydow). Indicado a dez Oscar, terminou por ganhar apenas dois: roteiro adaptado e som. Um dos filmes mais influentes e marcantes da primeira metade da década de 1970, *O Exorcista* provou, e ainda prova, que é possível realizar um filme de terror adulto. A versão disponível hoje em DVD e BD é a estendida, com dez minutos adicionais e um novo tratamento de som. E continua assustador.

ERA UMA VEZ NA AMÉRICA

ONCE UPON A TIME IN AMERICA

EUA/ITÁLIA 1984

Direção: Sergio Leone

Elenco: Robert De Niro, James Woods, Elizabeth McGovern, Joe Pesci, Burt Young, Tuesday Weld, Treat Williams, Danny Aiello, Richard Bright, James Hayden e Jennifer Connelly. Duração: 229 minutos. Distribuição: Warner.

Era uma vez um menino italiano chamado Sergio. Filho de pai produtor de cinema e mãe atriz. Seu destino já estava meio que traçado e desde muito cedo ele começou a trabalhar com filmes. Primeiro, como auxiliar de produção, depois como assistente de direção e, por fim, como diretor. Na primeira metade dos anos 1960, Sergio Leone chamou a atenção de todo mundo ao reinventar o faroeste americano com o filme *Por Um Punhado de Dólares*. Nascia aí o *western spaghetti*. Após dirigir quatro faroestes seguidos, Leone queria mudar de gênero e tinha dois grandes projetos em mente: refilmar *... E o Vento Levou* e dirigir um épico sobre os Estados Unidos. O primeiro, ficará para sempre no imaginário dos cinéfilos. O segundo, ele realizou no início dos anos 1980, *Era Uma Vez na América*. A história se concentra na amizade de Noodles (Robert De Niro) e Max (James Woods), que começa quando os dois ainda eram crianças e continua até a vida adulta, acompanhando a vida deles e de seu grupo de amigos. São cinco décadas da história americana recente filtrada pelo olhar aguçado de um diretor de estilo impecável. Dentre as inúmeras cenas antológicas, uma delas merece destaque por conta de sua beleza plástica e sensibilidade. Em certo momento do filme, um grupo de garotos vai até um prostíbulo e um deles carrega uma caixa de bombons. O objetivo é perder a virgindade e se tornar um homem. Um dos meninos, no entanto, pensa diferente. A longa duração da trama pode até assustar. Afinal, são quase quatro horas de filme. Porém, pode ter certeza, você não vai sentir o tempo passar. Leone era um mestre da narrativa e sabia como poucos envolver o espectador, como neste filme, que já nasceu clássico. Em tempo: a direção de *O Poderoso Chefão* foi oferecida primeiro a Sergio Leone, que a recusou. Os produtores queriam um diretor de origem italiana e, por fim, contrataram Francis Ford Coppola, que só aceitou o "trabalho" por insistência de George Lucas. E o resto é história.

ACOSSADO

À BOUT DE SOUFFLE

FRANÇA 1960

Direção: Jean-Luc Godard

Elenco: Jean-Paul Belmondo, Jean Seberg, Henri-Jacques Huet, Daniel Boulanger, Liliane Dreyfus, Claude Mansard, Van Doude e Liliane Robin. Duração: 90 minutos. Distribuição: Versátil.

Os franceses Claude Chabrol, Éric Rohmer, François Truffaut, Jacques Rivette e Jean-Luc Godard, antes de se tornarem cineastas, escreviam crítica cinematográfica na revista *Cahiers du Cinéma*. A transição do "falar sobre" para o "fazer" cinema surgiu de um desafio proposto pelo editor do periódico André Bazin. Já que eles sabiam tanto de cinema e não estavam satisfeitos com as produções francesas da época, eles deveriam então realizar seus próprios filmes. Todos aceitaram o desafio e nascia aí a *Nouvelle Vague,* a "nova onda", movimento que revolucionou a maneira de contar histórias em imagens e marcou toda uma geração de novos cineastas pelo mundo. Truffaut havia realizado em 1959 seu filme de estréia, *Os Incompreendidos*. No ano seguinte foi a vez de Godard, que dirigiu *Acossado* a partir de uma idéia sua que Truffaut roteirizou. A trama acompanha a personagem de Michel Poiccard (Jean-Paul Belmondo), um ladrão parisiense fã de Humphrey Bogart. Ele se envolve com uma jovem americana, Patricia (Jean Seberg), que vende jornais na rua. Michel é procurado pela polícia e Patricia o ajuda na fuga. *Acossado* é um filme difícil de ser classificado. Ele é tão diferente de tudo que era feito na época que pegou a todos de surpresa. Godard procurou "quebrar" as regras estabelecidas e realizou um filme que esbanja ousadia, criatividade, inovação e originalidade. Um verdadeiro marco na História do Cinema mundial.

CORAÇÃO SELVAGEM

WILD AT HEART

EUA 1990

Direção: David Lynch

Elenco: Nicolas Cage, Laura Dern, Willem Dafoe, J.E. Freeman, Crispin Glover, Diane Ladd, Calvin Lockhart, Isabella Rossellini e Harry Dean Stanton. Duração: 126 minutos. Distribuição: Universal.

Quatro anos depois de ter feito o cultuado *Veludo Azul* e um pouco antes de criar e produzir *Twin Peaks*, uma das séries mais originais da história da televisão americana, David Lynch escreveu, a partir do romance de Barry Gifford, e dirigiu *Coração Selvagem*. Antes de mais nada, trata-se de um típico *road movie*, porém, com a assinatura inconfundível de Lynch, ou seja, vem carregado de humor nigérrimo combinado com muita violência, erotismo e personagens perturbadas. Nas mãos de um outro diretor menos talentoso essa combinação resultaria provavelmente em uma "bomba" apelativa. Nas mãos de Lynch se transforma em uma história de amor. Sailor Ripley (Nicolas Cage) e Lula Fortune (Laura Dern) são loucamente apaixonados um pelo outro. Ele acabou de sair da prisão. Ela só pensa em ficar com ele, apesar da proibição de sua mãe, Marietta Fortune (Diane Ladd, mãe de Laura Dern na vida real). O elenco grita a maior parte do tempo e o grito se mistura com a música alta da trilha sonora. Tudo isso potencializado pela fotografia propositalmente saturada de Frederick Elmes. A direção ágil de Lynch e a montagem mais ágil ainda de Duwayne Dunham, fazem de *Coração Selvagem* um filme que transpira adrenalina. E nessa correria toda, o diretor ainda encontra tempo para homenagear o cantor Elvis Presley e o filme *O Mágico de Oz*. E antes que eu me esqueça, o filme conta ainda com a interpretação impagável de Willem Dafoe, no papel do estranhíssimo e cheio de dentes podres, Bobby Peru.

WALL-E

WALL-E

EUA 2008

Direção: Andrew Stanton

Animação. Duração: 97 minutos. Distribuição: Buena Vista.

Imagine se o cineasta Stanley Kubrick resolvesse fazer *2001: Uma Odisséia no Espaço* em animação. Com certeza seria algo próximo de *WALL-E*, produção da Pixar realizada em 2008, por Andrew Stanton, o mesmo diretor de *Procurando Nemo*. A história se passa em um futuro distante. A Terra está devastada e vazia. Os humanos vivem agora no espaço sideral, no conforto e segurança de uma imensa nave que lhes proporciona, sem qualquer esforço, tudo o que eles precisam. No nosso planeta, apenas uma unidade de alocação de detritos, sigla em inglês para WALL-E (Waste Allocation Load Lifter – Earth class), continua em atividade. A vida desse curioso robô é solitária e rotineira. Tudo muda quando ele conhece uma unidade de avaliação de vegetação extraterrestre, EVA (em inglês, Extraterrestrial Vegetation Evaluator). Quem disse que os robôs não amam? No caso de *WALL-E*, trata-se de amor à primeira vista. Stanton desenvolve sua trama, principalmente na primeira metade, sem utilizar diálogos. Não seria exagero afirmar que se trata do filme mais "adulto", e talvez mais complexo, da Pixar, que quando anunciou que faria uma animação com robôs deixou muita gente esperando por uma versão melhorada de *Robôs*, produzido em 2005 pela Blue Sky. *WALL-E* segue, felizmente, um caminho bem diferente e chega, audaciosamente, onde nenhum outro desenho jamais esteve.

O GRANDE TRUQUE

THE PRESTIGE

EUA/INGLATERRA 2006

Direção: Christopher Nolan

Elenco: Hugh Jackman, Christian Bale, Scarlett Johansson, Michael Caine, Piper Perabo, Rebecca Hall, David Bowie e Andy Serkis. Duração: 130 minutos. Distribuição: Warner.

Sem querer fazer um trocadilho com o título original de *O Grande Truque*, Christopher Nolan ganhou "prestígio" com o sucesso de *Batman Begins* e, antes de dirigir sua continuação, realizou este filme com roteiro escrito por seu irmão, Jonathan, a partir do livro de Christopher Priest. Aqui, as aparências enganam completamente e nada é o que parece ser. Estamos em um mundo cheio de magia, ou melhor, de mágicas. Virada do Século XIX para o XX. Um período em que as pessoas acreditavam que a tecnologia poderia resolver todos os problemas. Uma época de transformações. Robert Angier (Hugh Jackman) e Alfred Borden (Christian Bale) são mágicos e rivais e buscam incansavelmente o "grande truque", aquele que irá iludir a todos. Todo mágico sabe que nesse ramo, mais do que em qualquer outro, o segredo é a alma do negócio. Nolan é um diretor criativo e cheio de surpresas. Se fosse menos talentoso e se deixasse levar pela boa acolhida de sua reinvenção cinematográfica do Homem-Morcego, teríamos um filme que poderia ser bobo e fácil ou pretensioso e confuso. *O Grande Truque* revela um diretor inquieto, que gosta de enfrentar desafios e fugir dos lugares-comuns. Narrado de maneira não linear, o filme exige do espectador atenção redobrada. Ao longo da trama muitas pistas são espalhadas e cabe ao espectador montar o quebra-cabeças. Preste atenção na participação especial de David Bowie, no papel do cientista Nicola Tesla, única personagem real da história. E se após o término do filme você ficar com aquela sensação de que deixou escapar alguma coisa, não tenha pudor: simplesmente veja outra vez. *O Grande Truque* faz parte daquele raro grupo de filmes que melhora a cada nova visita.

O GRANDE DITADOR

THE GREAT DICTATOR

EUA 1940

Direção: Charles Chaplin

Elenco: Charles Chaplin, Jack Oakie, Reginald Gardiner, Henry Daniell, Billy Gilbert, Grace Hayle, Carter DeHaven e Paulette Goddard. Duração: 125 minutos. Distribuição: Warner/Versátil.

Quando o cinema sonoro surgiu, em 1927, muitos cineastas relutaram em utilizar a nova tecnologia. Entre eles, Charles Chaplin. Foram necessários 13 anos para que ele aderisse ao filme falado. Chaplin costumava dizer que somente ouviríamos a voz de Carlitos, sua maior criação, se ele tivesse algo realmente importante para dizer. Isso aconteceu em 1940, quando ele escreveu, produziu, dirigiu e atuou em *O Grande Ditador*. No auge da Segunda Guerra Mundial, Chaplin decidiu que algo precisava ser feito, nem que fosse uma paródia, para tentar conter o avanço dos nazistas. O filme conta a história de um pobre barbeiro de origem judia, que é confundido com o ditador da Tomania, Adenoid Hynkel, ambos interpretados por Chaplin. Carregado de forte teor crítico e político, *O Grande Ditador* ridiculariza a figura de Adolf Hitler e tem um dos momentos mais mágicos da História do Cinema: a seqüência em que Hynkel brinca com o globo como se ele fosse uma bola. Carlitos finalmente falou e tinha algo sério a dizer. Só nos resta ouvir e aprender esta lição de cinema e humanidade.

LUNAR

MOON

INGLATERRA 2001

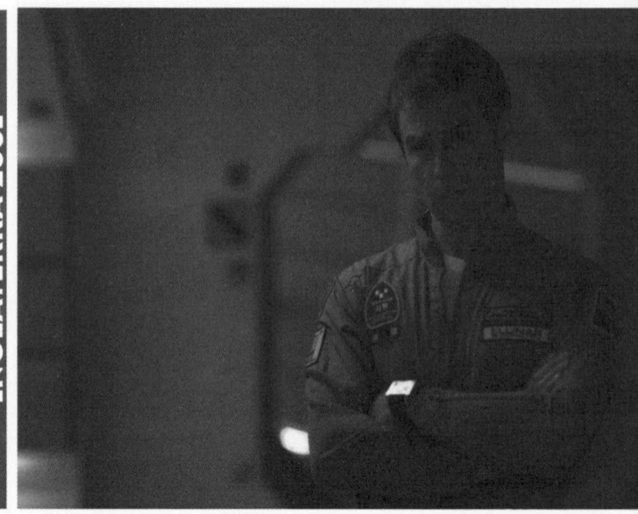

Direção: Duncan Jones

Elenco: Sam Rockwell, Kevin Spacey, Dominique McElligott, Kaya Scodelario, Malcolm Stewart, Robin Chalk, Matt Berry e Benedict Wong. Duração: 96 minutos. Distribuição: Sony.

Lunar, filme de estréia do diretor e roteirista Duncan Jones, é o que poderíamos chamar de "ficção-científica filosófica", na melhor tradição de clássicos como *2001: Uma Odisséia no Espaço*, de Stanley Kubrick, e *Solaris*, de Andrei Tarkovski. Realizado com baixíssimo orçamento, cerca de cinco milhões de dólares, é um filme que se sustenta basicamente na qualidade de seu roteiro e no trabalho de seu único ator, Sam Rockwell, que vive o papel de Sam Bell, empregado da empresa mineradora Luna Industries. Ele está próximo de completar três anos de trabalho solitário na Lua. Sua única companhia é o computador Gerty, dublado pelo ator Kevin Spacey. Bell tem como único contato com nosso planeta as mensagens que recebe da esposa e da filha que ficaram na Terra. Ele não vê a hora de voltar para casa. Porém, coisas estranhas começam a acontecer. E isso aumenta sua paranóia. *Lunar* é um filme que exige atenção e reflexão. A narrativa investe na inteligência do espectador sem se deixar levar por soluções fáceis. Como primeiro trabalho de um diretor, *Lunar* revela-se extremamente bem resolvido e acima da média em um gênero que muitas vezes se faz valer apenas de efeitos especiais em detrimento de algo mais consistente. Em tempo: Duncan Jones é filho do roqueiro David Bowie.

APOCALYPSE NOW

APOCALYPSE NOW

EUA 1979

Direção: Francis Ford Coppola

Elenco: Martin Sheen, Robert Duvall, Frederic Forrest, Laurence Fishburne, Sam Bottoms, Albert Hall, Dennis Hopper, Harrison Ford, G.D. Spradlin e Marlon Brando. Duração: 153 minutos. Distribuição: Universal.

"This is the end. My only friend, the end". Isso é o fim. Meu único amigo, o fim. Os versos iniciais da canção *The End*, do *The Doors*, que abrem o filme *Apocalypse Now*, resumem de maneira direta e precisa o que veremos pela frente. Com roteiro escrito por Francis Ford Coppola e John Milius, inspirado no livro *O Coração das Trevas*, de Joseph Conrad, o filme, dirigido por Coppola, é um dos mais contundentes e realistas a retratar a Guerra do Vietnã. A trama gira em torno de uma missão, confiada ao Tenente Willard (Martin Sheen), que deve encontrar e destruir uma base militar renegada chefiada pelo Coronel Kurtz (Marlon Brando), um experiente e condecorado oficial do exército americano que teria ficado louco e descontrolado. A jornada de Willard com um pequeno grupo de soldados descendo o rio Nung é uma verdadeira descida ao inferno. "Gosto do cheiro de napalm pela manhã!", diz o Tenente Coronel Bill Kilgore (Robert Duvall), assim que acorda. Mais forte e significativa do que essa frase, talvez só "o horror, o horror", proferida por Kurtz. A produção de *Apocalypse Now* já renderia um grande filme. Aliás, rendeu o estupendo documentário *O Apocalypse de Um Cineasta*, realizado pela dupla Fax Bahr e George Hickenlooper, a partir do material gravado por Eleanor Coppola, esposa do diretor. Tudo que tinha que dar errado aconteceu: problemas com o governo das Filipinas (onde o filme foi rodado), cenários destruídos por um furação e o infarto do ator principal, Martin Sheen. O saldo final, no entanto, é dos mais positivos e o filme, um dos mais emblemáticos e chocantes do gênero. Vencedor da Palma de Ouro de melhor filme, no Festival de Cannes e de apenas dois Oscar da Academia: melhor fotografia (de Vittorio Storaro) e melhor som. Duas curiosidades: 1) originalmente o filme seria dirigido por George Lucas e 2) existe uma versão com 30 minutos adicionais chamada *Apocalypse Now Redux*.

UM CONTO CHINÊS

UN CUENTO CHINO

ARGENTINA 2011

Direção: Sebastián Borensztein

Elenco: Ricardo Darín, Ignácio Huang, Muriel Santa Ana, Javier Pinto, Julia Castelló Agulló e Enric Cambray. Duração: 93 minutos. Distribuição: Paris Filmes.

Com raríssimas exceções, se o filme for argentino é uma aposta certeira. Se o filme for argentino e estrelado pelo ator Ricardo Darín então, não tem erro. Darín é sempre sinônimo de qualidade. Neste *Um Conto Chinês* ele interpreta o recluso, amargurado e ranzinza Roberto, um veterano da Guerra das Malvinas que tem uma loja de ferragens, onde, metodicamente, conta o número de pregos das caixas que recebe para confirmar se está de acordo com a quantidade prevista. Ele não acredita em acasos e demonstra não ter espaço em sua vida para o amor, apesar das investidas de Mari (Muriel Santa Ana). Como passatempo, recorta e cola em um álbum notícias inusitadas que encontra nos jornais. Certo dia ele fica sabendo de uma vaca que caiu do céu na China. O que não imaginava era que esse acontecimento tão distante de seu cotidiano iria alterar por completo sua vida. Ele termina cruzando o caminho de Jun (Ignácio Huang), um chinês perdido em Buenos Aires e que está à procura do tio. Escrito e dirigido por Sebastián Borensztein, *Um Conto Chinês* parte de uma premissa extremamente simples. O filme "pega" duas personagens que não conseguem se comunicar, já que Roberto não fala chinês e Jun não fala espanhol, e desenvolve a partir daí uma série de situações, às vezes cômicas, outras dramáticas, como costuma ser nossa vida. É justamente essa capacidade de dialogar com o público de maneira direta e sem maquinações que faz do cinema argentino algo tão especial.

REDE DE INTRIGAS

NETWORK

EUA 1976

Direção: Sidney Lumet

Elenco: Peter Finch, Faye Dunaway, William Holden, Robert Duvall, Beatrice Straight, Wesley Addy, Ned Beatty, Arthur Burghardt, Bill Burrows e Jordan Charney. Duração: 121 minutos. Distribuição: Fox.

A frase no cartaz original de *Rede de Intrigas* já alertava: "a televisão nunca mais será a mesma". O diretor Sidney Lumet vinha de dois grandes sucessos de público e crítica, *Serpico* e *Um Dia de Cão*. Fiel ao seu estilo direto e contundente, ele aqui conta a história de um veterano âncora de telejornal, Howard Beale (Peter Finch), que por conta da baixa audiência, é demitido pela direção da emissora. Ao receber a notícia, o jornalista tem um colapso nervoso diante das câmaras e isso, ironicamente, faz disparar a audiência do programa. Beale é readmitido e transformado no "profeta louco das ondas de TV". As coisas melhoram até a audiência cair novamente, o que faz com que Beale tome uma atitude extrema. O roteiro, escrito por Paddy Chayefsky e premiado com o Oscar, não poupa ninguém e ainda hoje permanece como uma das mais fortes e sarcásticas denúncias contra a maneira com que muitas emissoras utilizam seus telejornais e programas. Lumet não poderia ter tido um elenco melhor diante de suas câmaras. Não por acaso, três deles ganharam o Oscar de atuação: Peter Finch, que morreu pouco depois das filmagens, como melhor ator (primeiro Oscar póstumo da história); Faye Dunaway, o de melhor atriz; e Beatrice Straight, o de melhor atriz coadjuvante. Em tempos de *reality shows*, ver ou rever *Rede de Intrigas* é sempre uma boa pedida.

X-MEN: PRIMEIRA CLASSE

— X-MEN: FIRST CLASS —

EUA 2011

Direção: Matthew Vaughn

Elenco: James McAvoy, Michael Fassbender, Kevin Bacon, Rose Byrne, Jennifer Lawrence, Nicholas Hoult, Oliver Platt, Zoë Kravitz e January Jones. Duração: 131 minutos. Distribuição: Fox.

Depois de uma bem sucedida trilogia realizada entre os anos 2000 e 2006, os mutantes do professor Xavier, mais conhecidos como *X-Men*, se afastaram um pouco da tela grande. O projeto inicial previa filmes solos com as personagens. O primeiro deles foi o do *Wolverine*, que não fez feio nas bilheterias (afinal, o marketing e a expectativa eram enormes), porém, acabou reprovado por fãs e crítica. Contrariando os que esperavam outra "bomba", a Fox radicalizou e decidiu "zerar" a cronologia do grupo e reiniciar a franquia literalmente do começo. Algumas decisões acertadas foram tomadas. Bryan Singer, diretor dos dois primeiros (e melhores) filmes da trilogia original, atuaria como produtor. Para a direção, foi contratado o inglês Matthew Vaughn, que vinha embalado pelo sucesso do excelente *Kick-Ass*. Para o elenco, um time de jovens e talentosos atores encabeçado por James McAvoy (Charles Xavier/Professor X) e Michael Fassbender (Erik Lehnsherr/Magneto). A ação acontece no início dos anos 1960, em plena Guerra Fria entre americanos e soviéticos e tendo como pano de fundo a crise da Baía dos Porcos, no governo Kennedy. Vaughn inicia o filme recriando e expandindo a seqüência de abertura do primeiro *X-Men*, onde vemos o jovem Erik preso em um campo de concentração nazista. Paralelo a isso, acompanhamos um momento curioso na vida do também jovem Charles. Depois o filme pula perto de 20 anos no tempo e a história continua. Confesso que quando soube que a trama giraria em torno da amizade entre Professor X, Magneto e um grupo de mutantes adolescentes, esperei pelo pior. Mesmo sabendo das qualidades da equipe criativa e dos atores envolvidos, não imaginei, sinceramente, que pudesse sair alguma boa de uma premissa que, para mim, já parecia esgotada. Felizmente, eu estava errado. *X-Men: Primeira Classe* é muito bom, em todos os sentidos e coloca outra vez os heróis mutantes no caminho certo.

A PROFESSORA DE PIANO

LA PIANISTE

FRANÇA/ÁUSTRIA/ALEMANHA 2001

Direção: Michael Haneke

Elenco: Isabelle Huppert, Benoît Magimel, Annie Girardot, Susanne Lothar, Udo Samel, Anna Sigalevitch, Cornelia Köndgen e Philipp Heiss. Duração: 131 minutos. Distribuição: MovieStar.

Michael Haneke, cineasta alemão radicado na Áustria, onde trabalha também com teatro, televisão e lecionando Cinema em uma universidade local, não é, no bom sentido, um diretor fácil. Seus temas são sempre fortes, polêmicos e inesperados. Trata-se de um artista que gosta de trabalhar aquele silêncio escondido, aquela raiva oculta, aquele desejo sexual represado, aquela submissão forçada. Tudo isso compõe a grande teia de emoções conflitantes que é *A Professora de Piano*. Isabelle Huppert é Erika Kohut, a professora do título. Ela vive com a mãe opressora (Annie Girardot), com quem trava embates constantes. Certo dia, ela conhece o jovem Walter (Benoît Magimel) e inicia um relacionamento de extremos. As aulas de piano de Erika são, na verdade, uma maneira que ela encontrou para disfarçar sua dor e seus conflitos diários. Haneke não faz concessões. Seu cinema é cru e por vezes cruel. Econômico e preciso na condução da trama, ele extrai sempre desempenhos soberbos de seus atores. Não é diferente aqui e a atuação de Isabelle Huppert é prova disso.

ADAPTAÇÃO

ADAPTATION

EUA 2002

Direção: Spike Jonze

Elenco: Nicolas Cage, Meryl Streep, Chris Cooper, Tilda Swinton, Brian Cox, Cara Seymour, Stephen Tobolowsky, Gregory Itzin, Maggie Gyllenhaal e Curtis Hanson. Duração: 114 minutos. Distribuição: Sony.

O roteirista Charlie Kaufman tem um estilo tão pessoal e original que os filmes realizados a partir de seus roteiros parecem ter sido dirigidos por ele mesmo. Em *Adaptação*, além de ele manter-se fiel ao seu padrão, encontra espaço para a metalinguagem ao "brincar" com o próprio ato de escrever um roteiro. No caso, a adaptação do romance *O Ladrão de Orquídea,* escrito por Susan Orlean, personagem de Meryl Streep. De fato, trata-se de uma trama parcialmente baseada em fatos. Kaufman, na verdade, foi procurado pela jornalista e escritora Orlean para adaptar sua obra. O roteirista foi adiante e bolou algo bem mais complexo e estimulante ao discutir o desenvolvimento de todo o processo de criação, retratado na figura dele próprio em cena, Charlie, e de seu irmão gêmeo fictício, Donald, ambos vividos de maneira magnífica pelo ator Nicolas Cage. Charlie está passando por uma crise pessoal intensa e Donald, um típico parasita, se aproxima do irmão e deseja se tornar também um roteirista, chegando até a fazer um curso com um professor de roteiros (Brian Cox). Paralelo a isso tudo, ainda temos a figura de John Laroche, em interpretação hilária de Chris Cooper, que ganhou o Oscar de melhor ator coadjuvante por esse papel. *Adaptação* não é um filme para todo tipo de público. Para apreciá-lo corretamente é preciso uma certa "bagagem" cinematográfica e gosto por brincadeiras metalinguísticas. E sua originalidade, artigo raro no cinemão hollywoodiano, é inquestionável.

JUVENTUDE TRANSVIADA

REBEL WITHOUT A CAUSE

EUA 1955

Direção: Nicholas Ray

Elenco: James Dean, Natalie Wood, Sal Mineo, Jim Backus, Ann Doran, Corey Allen, William Hopper, Rochelle Hudson, Dennis Hopper e Edward Platt. Duração: 111 minutos. Distribuição: Warner.

James Dean iniciou sua carreira artística aos 20 anos e morreu cinco anos depois. Nesse curto período, participou de diversas séries de TV e fez apenas três filmes para o cinema: *Vidas Amargas, Juventude Transviada* e *Assim Caminha a Humanidade.* De presença intensa e magnética em cena, Dean deixou uma marca e um estilo de atuação que influenciou e ainda influencia gerações de atores. Em sua breve carreira cinematográfica trabalhou com três grandes diretores: Elia Kazan, Nicholas Ray e George Stevens. *Juventude Transviada,* tradução brasileira para o título original *Rebelde Sem Causa,* sem desmerecer em absoluto os outros dois, talvez seja seu filme mais marcante. Aqui ele interpreta Jim Stark, um rapaz solitário, cheio de frustrações e carregado de uma revolta que serviu de modelo para os adolescentes de todo o mundo. Ele e sua família se mudaram para uma nova cidade. Jim tem um histórico de problemas por todos os lugares por onde passou. Seus pais já não sabem mais o que fazer. Era o período do pós-guerra, quando muitos jovens tiveram que se confrontar com a dura realidade da vida e passaram a perceber que o "sonho americano" se transformara em pesadelo. Jim tem ao seu lado a bela Judy (Natalie Wood) e Plato (Sal Mineo). O diretor Nicholas Ray sabe explorar bem os conflitos internos de suas personagens com imagens impactantes. Preste atenção na maneira como o diretor utiliza o vermelho. Uma curiosidade: foi a estréia de Dennis Hopper no cinema.

A MISSÃO

THE MISSION

INGLATERRA 1986

Direção: Roland Joffé

Elenco: Robert De Niro, Jeremy Irons, Ray McAnally, Aidan Quinn, Cherie Lunghi, Ronald Pickup, Chuck Low, Liam Neeson, Bercelio Moya e Sigifredo Ismare. Duração: 120 minutos. Distribuição: Versátil.

Ao longo dos anos 1980 alguns cineastas ingleses realizaram um cinema de análise e denúncia de situações delicadas ocorridas em certos momentos de nossa história. Roland Joffé fazia parte desse grupo. Ele, que durante décadas dirigiu séries de TV, estreou no cinema em 1984, com *Gritos do Silêncio*, sobre a amizade de um repórter e um cambojano que fugia do regime sangrento do Khmer Vermelho. Dois anos depois, ele realiza este *A Missão*, que retrata a guerra que se estabeleceu entre portugueses e espanhóis contra os índios e os padres jesuítas que vieram catequizá-los. Tudo acontece no século XVIII, na região de Sete Povos das Missões, localizada na fronteira entre Brasil, Argentina e Uruguai. Desse grande confronto de interesses, Joffé, a partir do roteiro original de Robert Bolt, traça um painel daquela época e destaca duas buscas que muitas vezes andam juntas, mas, na maioria delas, não se entendem: fé e poder. Além do elenco, vale destacar a belíssima fotografia de Chris Menges e a estupenda trilha sonora composta por Ennio Morricone. Filmado na região onde os eventos aconteceram, *A Missão* revela um momento triste de nossa história e deixa em aberto algumas questões que até hoje continuam sem resposta.

NÃO POR ACASO

BRASIL 2007

Direção: Philippe Barcinski

Elenco: Rodrigo Santoro, Leonardo Medeiros, Letícia Sabatella, Cássia Kiss; Branca Messina, Rita Batata, Graziella Moretto, Ney Piacentini, Cacá Amaral e Silvia Lourenço. Duração: 90 minutos. Distribuição: Fox.

Não Por Acaso é a estréia em longa de Philippe Barcinski, premiado diretor de curtas. O filme conta duas histórias que seguem paralelas e se encontram por conta de um acidente de carro. Em uma delas, acompanhamos Ênio (Leonardo Medeiros), um homem na casa dos 40 anos, que vive sozinho e trabalha como engenheiro de trânsito. O outro, Pedro (Rodrigo Santoro), é namorado de Teresa (Branca Messina), que está de mudança para sua casa. Ele tem uma marcenaria que herdou do pai e adora jogar sinuca. Em comum, Ênio e Pedro acreditam que podem controlar o mundo em que vivem, assim como fazem, respectivamente, no controle de tráfego e na mesa de sinuca. Mas a vida não pode ser controlada. O acidente vem provar isso a eles e, a partir daí, eles terão que conviver com situações imponderáveis, com surpresas inesperadas, com o descontrole absoluto. Na vida de Ênio aparece Bia (Rita Batata), a filha adolescente com quem ele nunca havia tido contato. Pedro se envolve com Lúcia (Letícia Sabatella), inquilina do apartamento de sua namorada. Barcinski conduz sua trama no limite. Porém, ao contrário de suas personagens, mantém controle total sobre tudo que acontece. *Não Por Acaso* é um filme maduro e bem realizado. Revela um diretor e roteirista talentoso que consegue fugir dos lugares-comuns ao contar uma história do cotidiano de qualquer grande cidade.

M - O VAMPIRO DE DÜSSELDORF

ALEMANHA 1931

Direção: Fritz Lang

Elenco: Peter Lorre, Ellen Widmann, Inge Landgut, Gustaf Gründgens, Friedrich Gnass, Paul Kemp, Ernst Stahl-Nachbaur e Theo Lingen. Duração: 111 minutos. Distribuição: Vintage.

Fritz Lang nasceu na Áustria, se firmou na Alemanha e passou também por Hollywood. Junto com Robert Wiene e F. W. Murnau revolucionou o cinema alemão e mundial ao longo dos anos 1920 e 1930. Além das experiências visuais e narrativas do Expressionismo, essa "trinca" de cineastas nos legou obras fundamentais. Em 1931, Lang já era um artista consolidado e respeitado, principalmente após o sucesso de *Metrópolis*, realizado em 1927. *M – O Vampiro de Düsseldorf* foi seu primeiro filme sonoro. A tecnologia do som ainda era muito recente. Tinha pouco mais de quatro anos. Inquieto e criativo, o diretor se inspira em uma notícia real que havia lido nos jornais sobre um assassino de crianças e em parceria com Thea von Harbou escreve o roteiro. A história se passa nos anos 1920, em Düsseldorf, onde um criminoso, Hans Beckert (Peter Lorre), conhecido como M, sequestra e mata crianças sem que a polícia saiba o que fazer para capturá-lo. Lang utiliza bem a nova tecnologia e faz um uso muito inteligente do som, que tem aqui papel importante e orgânico na condução e resolução da trama. Além disso, o diretor, fiel às raízes expressionistas, trabalha de maneira sublime a iluminação do filme, o que potencializa ainda mais o clima tenso da história. Enfim, uma obra-prima.

O VINGADOR DO FUTURO [1990]

TOTAL RECALL

EUA 1990

Direção: Paul Verhoeven

Elenco:Arnold Schwarzenegger, Rachel Ticotin, Sharon Stone, Ronny Cox, Michael Ironside, Marshall Bell e Mel Johnson Jr. Duração: 108 minutos. Distribuição: Universal.

O Vingador do Futuro é inspirado no conto *We Can Remember It For You Wholesale* (algo como "Podemos Lembrar Isto Para Você Por Atacado"), de Phillip K. Dick. O filme teve o roteiro escrito por Ronald Shusett, Dan O'Bannon e Gary Goldman e direção do holandês Paul Verhoeven. Como o astro Arnold Schwarzenegger era muito conhecido por seu papel em *O Exterminador do Futuro*, um filme de ficção-científica, nada mais natural que o distribuidor nacional desse o título de *O Vingador do Futuro* para o original *Total Recall*. Na trama, Schwarzenegger é Douglas Quaid, um operário da construção civil, casado com a bela Lori (Sharon Stone). Sua vida parece perfeita. O único problema são os sonhos, ou melhor, pesadelos recorrentes, que ele tem com o planeta Marte. Ele vai até uma agência, a Rekall, que trabalha com implante de memórias. O processo é bem simples. Ao invés de gastar dinheiro com uma viagem cara e cheia de riscos, na Rekall você escolhe ser quem você quiser e tem as férias de seus sonhos implantada em sua mente com todas as lembranças da viagem e em completa segurança. Porém, as coisas não saem como esperado. Mexer com memórias e com implantes pode ser algo bem perigoso. *O Vingador do Futuro* é um filme cheio de boas surpresas, muita ação e bom humor. Preste atenção no pedido que Quaid faz quando chega na Rekall e o que efetivamente acontece no filme. Um verdadeiro jogo de desejos e aparências onde Verhoeven é mestre.

OS OUTROS

THE OTHERS

EUA/ESPANHA 2001

Direção: Alejandro Amenábar

Elenco: Nicole Kidman, Christopher Eccleston, Fionnula Flanagan, Elaine Cassidy, Eric Sykes e Alakina Mann. Duração: 101 minutos. Distribuição: Imagem Filmes.

O roteirista e diretor Alejandro Amenábar, nascido no Chile e criado na Espanha, é dono de um jeito único de contar histórias. *Os Outros* é seu primeiro filme falado em inglês e produzido com dinheiro americano. Na produção, Tom Cruise, que conheceu Amanábar por conta de *Preso na Escuridão*, filme que serviu de inspiração para *Vanilla Sky*, dirigido por Cameron Crowe e estrelado por Cruise. A trama se passa no final da Segunda Guerra Mundial. Grace (Nicole Kidman) vive em uma mansão com os dois filhos e aguarda o retorno do marido do campo de combate. Certo dia, os criados somem misteriosamente e são substituídos por novos. A partir daí, coisas estranhas, assustadoras e sobrenaturais começam a acontecer. Grace já não sabe mais o que fazer para proteger seus filhos. Amanábar, que também compôs a trilha sonora, sabe como criar um clima tenso de maneira natural e orgânica. Nada parece forçado ou artificial em *Os Outros*. Quando de seu lançamento, muitos fizeram uma comparação apressada com *O Sexto Sentido*, de M. Night Shyamalan. É verdade que existem algumas semelhanças entre eles, no entanto, o filme de Amanábar parte de uma premissa e de um ponto de vista sutilmente diferente e igualmente original. Para ver e não revelar, em hipótese alguma, o final.

UM PLANO SIMPLES

A SIMPLE PLAN

EUA 1998

Direção: Sam Raimi

Elenco: Bill Paxton, Bridget Fonda, Billy Bob Thornton, Brent Briscoe, Gary Cole, Chelcie Ross, Jack Walsh, Gary Cole, Bob Davis e Tom Carey. Duração: 121 minutos. Distribuição: PlayArte.

O cineasta americano Sam Raimi despontou com a série de terror *Evil Dead* (*Uma Noite Alucinante*) e ficou famoso por conta da primeira trilogia do *Homem-Aranha*. Ele também produziu algumas séries para televisão, entre elas, *Hércules* e *Xena*. Apesar de muitos de seus filmes lidarem com ação, comédia e horror, o versátil Raimi soube explorar outros gêneros como o romance e o drama. *Um Plano Simples* faz parte desse segundo grupo. Aqui, acompanhamos os irmãos Hank (Bill Paxton) e Jacob (Billy Bob Thornton), que juntos com o amigo Lou (Brent Briscoe) encontram um avião que caiu na floresta próxima de sua cidade. Os três descobrem que o piloto está morto e carregava uma mala com quatro milhões de dólares. Eles decidem fazer algo bem simples: guardar o dinheiro por um tempo e depois dividi-lo igualmente, sem chamar a atenção. Mas coisas simples costumam ser as mais difíceis de se obter, principalmente quando mais de uma pessoa está envolvida. Tudo acontece no início do ano, em pleno inverno no hemisfério norte. E a neve e o frio terminam por potencializar bastante as situações decorrentes da decisão original de não gastar o dinheiro de imediato. Sem contar que um agente do FBI entra em cena para investigar a queda do avião. Raimi conduz com segurança um elenco e uma trama que, em alguns momentos lembra o clássico *O Tesouro de Sierra Madre*, de John Huston. *Um Plano Simples* não tem efeitos especiais e nem provoca sustos. Mesmo assim é tenso, envolvente e faz uma interessante análise da alma humana. Precisa mais?

UMA RUA CHAMADA PECADO

A STREETCAR NAMED DESIRE

EUA 1951

Direção: Elia Kazan

Elenco: Vivien Leigh, Marlon Brando, Kim Hunter, Karl Malden, Rudy Bond, Nick Dennis, Peg Hillias e Richard Garrick. Duração: 124 minutos. Distribuição: Warner.

Elia Kazan já era um nome consolidado no teatro e no cinema americanos. Ele havia dirigido a peça do dramaturgo Tennesse Williams, *Um Bonde Chamado Desejo*, e assumiu também sua versão em película. O elenco da peça foi praticamente mantido para o filme, com exceção da personagem Blanche Dubois. No teatro ela foi vivida por Jessica Tandy e no cinema por Vivien Leigh. O diretor queria uma atriz mais conhecida do grande público e Leigh ainda era muito popular por conta do sucesso de *...E o Vento Levou*. Marlon Brando estava no início de sua carreira cinematográfica (este foi seu segundo filme). Ah, tem a questão do título nacional. No Brasil, por pressão da Igreja Católica, o título original foi traduzido como *Uma Rua Chamada Pecado*, algo bem moralista e, convenhamos, "careta", para usar uma palavra "das antigas". Na história, Blanche vai morar na casa de sua irmã, Stella (Kim Hunter), que é casada com Stanley Kowalski (Brando). De imediato se estabelece uma tensão sexual entre Blanche e Stanley. Por conta da forte censura da época, algumas situações foram atenuadas e/ ou suprimidas do filme. Muita coisa é sutilmente sugerida e os mais atentos poderão perceber. A versão especial em DVD possui três minutos de cenas adicionais que haviam sido cortadas. É curioso observar que, mesmo passado tanto tempo da realização do filme, ele mantém sua força dramática e a intensidade de suas personagens intactos. Assim são feitos os clássicos.

SANGUE NEGRO

THERE WILL BE BLOOD

EUA 2007

Direção: Paul Thomas Anderson

Elenco: Daniel Day-Lewis, Paul Dano, Ciarán Hinds, Martin Stringer, Joseph Mussey, Barry Del Sherman, Harrison Taylor e Dillon Freasier. Duração: 158 minutos. Distribuição: Buena Vista.

Paul Thomas Anderson é um roteirista e diretor que realizou poucos filmes ao longo de sua carreira, porém, não há trabalho seu que se possa dizer ser "mais ou menos". Se ele deixasse de dirigir, já teria realizado pelo menos três obras-primas: *Boogie Nights*, *Magnólia* e *Sangue Negro*. Este último ele dirigiu em 2007 com roteiro, também escrito por ele, a partir do livro *Oil*, de Upton Sinclair. Em tom épico, *Sangue Negro* conta a história de Daniel Plainview (Daniel Day-Lewis), um caçador de petróleo e sua saga nos primeiros anos do século XX em busca de poços para perfurar. Plainview é ambicioso, egoísta e pragmático. Além disso, nutre um desprezo total pela humanidade. Em sua trajetória ele é confrontado por Eli Sunday (Paul Dano), um jovem pastor que aparece em seu caminho. Plainview pode ser visto como o reflexo de uma América sem escrúpulos e sem limites e a interpretação visceral de Day-Lewis dá o tom preciso para tornar este filme único. E Dano não fica atrás e faz de sua personagem outra força da natureza. Além do roteiro e da direção precisos de Anderson, a trilha sonora composta por Jonny Greenwood, guitarrista da banda *Radiohead*, é algo próximo do sublime. Ao final, como já anuncia o título original, haverá sangue!

21 GRAMAS

21 GRAMS

EUA 2003

Direção: Alejandro González Iñárritu

Elenco: Sean Penn, Benício Del Toro, Naomi Watts, Charlotte Gainsbourg, Melissa Leo, Clea Duvall, Danny Huston, Paul Calderon, Teresa Delgado e Eddie Marsan. Duração: 125 minutos. Distribuição: Universal.

Os cineastas mexicanos Alejandro González Iñárritu e Guillermo Arriaga fizeram três filmes juntos: *Amores Brutos*, *21 Gramas* e *Babel*. Iñárritu assinando a direção e Arriaga escrevendo o roteiro. Os três filmes formam uma espécie de trilogia, uma vez que utilizam uma estrutura narrativa semelhante. *21 Gramas* foi o primeiro filme da dupla rodado nos Estados Unidos e com dinheiro americano. São três histórias que acontecem envolvendo três núcleos distintos e que se misturam em um determinado ponto. O grande achado da trama é que ela não segue um padrão linear, ou seja, não tem o tradicional "começo, meio e fim". Iñárritu e Arriaga "brincam" com o tempo. E o mais surpreendente é que, mesmo assim, com cenas do passado, do presente e do futuro das personagens aparecendo completamente fora de ordem, não nos perdemos no filme. O tema central é a culpa, um forte sentimento que une as vidas de Paul (Sean Penn), Christina (Naomi Watts) e Jack (Benício Del Toro). Outros sentimentos afloram em *21 Gramas*: dor, solidão e revolta. Tudo ligado pelo acaso. Ou seria coisa do destino? O filme deixa mais perguntas do que respostas. Em tempo: o título se refere ao suposto peso da alma humana. Uma curiosidade: Iñárritu e Arriaga romperam a parceria durante a produção de *Babel*. Curiosamente, separados nenhum deles conseguiu o mesmo brilhantismo.

TRÊS HOMENS EM CONFLITO

IL BUONO, IL BRUTTO, IL CATTIVO

ITÁLIA 1966

Direção: Sergio Leone

Elenco: Clint Eastwood, Lee Van Cleef, Eli Wallach, Aldo Giuffrè, Luigi Pistilli, Mario Brega, Rada Rassimov, Sandro Scarchelli e Silvana Bacci. Duração: 178 minutos. Distribuição: Fox.

Em quase todo o mundo esta obra-prima de Sergio Leone teve seu título nacional traduzido literalmente do original. Menos no Brasil. Aqui *O Bom, O Mau e o Feio* virou *Três Homens em Conflito*. Leone já havia realizado dois clássicos do faroeste, *Por Um Punhado de Dólares* e *Por Uns Dólares a Mais*, ambos estrelados por Clint Eastwood. Assim como este *Três Homens em Conflito*, que fecha uma trilogia que revolucionou o gênero em meados dos anos 1960. Eastwood reprisa o papel do "homem sem nome" e consolida a persona que marcaria todos os seus futuros papéis. Leone conta uma história que se passa em um país arrasado por conta de uma guerra. Três pistoleiros, o bom (Eastwood), o mau (Lee Van Cleef) e o feio (Eli Wallach), terminam por se unir em busca de uma fortuna em ouro. Mas não se trata de uma "união" harmoniosa. Os três possuem personalidades fortes o suficiente para manter qualquer tipo de trabalho instável. Mesmo que este trabalho venha a ser benéfico para eles. O diretor exercita e aprimora seu estilo único de contar uma história. Planos abertos, close ups (planos fechados, principalmente nos rostos dos atores) e manipulação do tempo. Leone usa todos esses recursos e muito mais para criar e aumentar a tensão em cenas que hoje são copiadas exaustivamente. Um filme de Mestre. Uma aula de Cinema.

O ENIGMA DE KASPAR HAUSER

JEDER FÜR SICH UND GOTT GEGEN ALLE

ALEMANHA 1975

Direção: Werner Herzog

Elenco: Bruno S., Walter Ladengest, Brigitte Mira, Willy Semmelrogge, Marcus Weller e Gloria Doer. Duração: 109 minutos. Distribuição: Versátil.

O cineasta alemão Werner Herzog é dono de uma filmografia das mais inusitadas. Seu estilo, bem pessoal, costuma misturar ficção e documentário. *O Enigma de Kaspar Hauser*, filme que ele escreveu e dirigiu em 1975, não foge à regra. Baseado em fatos históricos, acompanhamos aqui o drama de um jovem que é encontrado perdido em uma praça da cidade de Nuremberg, no ano de 1828. O mistério aumenta ainda mais quando descobrem que ele não fala e não consegue ficar em pé. Afinal, o que poderíamos esperar de uma pessoa que passou a vida inteira trancada em um porão? Ele carrega uma carta onde algumas pistas de seu passado e seu nome são revelados. Claro que o estranho Kaspar Hauser (Bruno S.) se torna o assunto da pequena cidade. E Herzog aproveita sua história para fazer uma análise psicológica do ser humano. Até que ponto somos civilizados? Ou melhor, temos condições de "civilizar" alguém? São perguntas feitas pelo diretor ao longo do filme e que cabe ao espectador respondê-las. Vencedor do Grande Prêmio do Júri no Festival de Cannes, *O Enigma de Kaspar Hauser* é intrigante, provocador e as questões que ele coloca continuam bastante atuais.

SUPER 8

SUPER 8

EUA 2011

Direção: J.J. Abrams

Elenco: Kyle Chandler, Joel Courtney, Elle Fanning, Riley Griffiths, Ron Eldard, Noah Emmerich, Ryan Lee, Zach Mills, Joel McKinnon Miller e Jessica Tuck. Duração: 112 minutos. Distribuição: Paramount.

Steven Spielberg e J.J. Abrams. Essa dupla é sinônimo de "valor de produção". O primeiro no papel de produtor e o segundo no de roteirista e diretor de *Super 8*, um filme que dialoga com os anos 1980. Ou melhor, com o cinema americano daquela década. Mais especificamente com o Spielberg que dirigiu e/ou produziu filmes como *Contatos Imediatos do Terceiro Grau*, *Os Goonies*, *E.T. – O Extraterrestre*, *Viagem ao Mundo dos Sonhos* e *O Milagre Veio do Espaço*. A ação acontece em uma pequena cidade do estado de Ohio, no verão de 1979. Uma época sem vídeo cassete, sem telefones celulares, sem internet, sem redes sociais. Uma época em que os amigos se encontravam pessoalmente, viviam uns nas casas dos outros e se deslocavam a pé ou de bicicleta. Certo dia, esse grupo de amigos presencia um espetacular acidente ferroviário. Eles estavam rodando um filme de zumbis com uma câmara super 8 e a partir daí, coisas estranhas começam a acontecer naquela pacata cidadezinha. Abrams dirige seu filme de maneira spielberguiana e este, por sua vez, aceita a homenagem e abraça a produção como há muito não fazia. O elenco de garotos e a garota (Elle Fanning, irmã mais nova de Dakota), é um achado. Os adultos não comprometem. E a história é um prato cheio de nostalgia e celebração para todos aqueles que cresceram entre a segunda metade dos anos 1970 até o final dos anos 1980. Claro que o filme tem elementos que podem agradar as pessoas que cresceram em outras décadas, no entanto, suas referências estão diretamente ligadas aos filmes realizados naquele período. Resultado final: diversão garantida. Em tempo: durante os créditos finais é exibido o filme de zumbi feito pelos garotos.

O RESGATE DO SOLDADO RYAN

SAVING PRIVATE RYAN

EUA 1998

Direção: Steven Spielberg

Elenco: Tom Hanks, Tom Sizemore, Edward Burns, Barry Pepper, Adam Goldberg, Vin Diesel, Giovanni Ribisi, Jeremy Davies, Matt Damon, Paul Giamatti, Ted Danson e Dennis Farina. Duração: 169 minutos. Distribuição: Paramount.

E pensar que a produção de *O Resgate do Soldado Ryan* começou a partir de uma conversa de vizinhos. Bem, no caso, os vizinhos em questão eram Steven Spielberg e Tom Hanks. Os dois descobriram que tinham em comum uma paixão por histórias da Segunda Guerra Mundial. Quando o roteiro escrito por Robert Rodat chegou às mãos de Spielberg, este percebeu que se tratava de um material que seu vizinho teria interesse em participar. Na trama, o capitão John Miller (Hanks) recebe uma missão especial: levar seu pelotão até as linhas inimigas, encontrar e resgatar vivo o soldado James Ryan (Matt Damon). Mas o que será que Ryan tem de tão "especial" para ser salvo? Ele é o único de quatro irmãos que ainda não morreu em combate. O filme começa com uma das mais fortes, impactantes e realistas seqüências já mostradas em um filme de guerra. Spielberg e seu diretor de fotografia, Janusz Kaminski, acompanham de maneira documental o desembarque dos soldados aliados na Normandia. A sensação que temos é que eles efetivamente estiveram lá no Dia D. Não há música de fundo, apenas o barulho do mar, dos tiros e dos gritos. *O Resgate do Soldado Ryan* já seria um grande filme somente por conta dessa seqüência inicial, mas vai além. Com personagens bem definidos e bem defendidos por seus intérpretes, Spielberg traça um painel preciso da insanidade da guerra. O filme recebeu 11 indicações ao Oscar. Ganhou cinco: direção, fotografia, montagem, som e mixagem de som. Naquele ano, inexplicavelmente, o melhor diretor não levou o melhor filme, que ficou com *Shakespeare Apaixonado*. Uma curiosidade: o sucesso da empreitada dos "vizinhos" gerou duas ótimas minisséries para a TV: *Band of Brothers* e *The Pacific*.

O SÉTIMO SELO

DET SJUNDE INSEGLET

SUÉCIA 1957

Direção: Ingmar Bergman

Elenco: Max von Sydow, Åke Fridell, Begt Ekerot, Bibi Andersson, Gunnar Björnstrand, Inga Gill e Nils Poppe. Duração: 96 minutos. Distribuição: Versátil.

Quem você desafiaria para uma partida de xadrez? Antonius Block, personagem de Max Von Sydow no filme *O Sétimo Selo*, de Ingmar Bergman, desafiou a Morte (Begt Ekerot). Estamos aqui na Suécia, na Idade Média. Antonius está de volta das Cruzadas. Tudo o que encontra é dor, sofrimento e destruição. Além da peste negra, existe também a Inquisição da Igreja Católica. Ambas extremamente mortais. Bergman lida novamente com dois dos temas mais recorrentes em sua extensa obra: a religião e a proximidade da morte. Antonius, alter ego do diretor neste filme, questiona a existência de Deus. É curioso observar os diferentes grupos de pessoas que circulam na trama de *O Sétimo Selo*. Temos soldados, religiosos, pessoas comuns e artistas, no caso, três mambembes que viajam em uma carroça com seu espetáculo músico-teatral. Mais curioso ainda é perceber a maneira com que a Morte se relaciona com eles. Adaptado pelo próprio Bergman, a partir da peça *Trämålning*, de sua autoria, o filme foi belissimamente fotografado em preto e branco por Gunnar Fisher, que trabalhou sobremaneira os contrastes de luz e sombra. *O Sétimo Selo* é um dos pontos altos de um cineasta que soube como poucos retratar a alma humana. E olha que Bergman teve muitos altos em sua carreira. Além disso, o filme possui uma seqüência icônica na História do Cinema: a famosa partida de xadrez entre Antonius e a Morte.

O PESCADOR DE ILUSÕES
THE FISHER KING
EUA 1991

Direção: Terry Gilliam

Elenco: Jeff Bridges, Robin Williams, Mercedes Ruehl, Amanda Plummer, David Hyde Pierce, Ted Ross, Lara Harris, Warren Olney, Michael Jeter e Harry Shearer. Duração: 138 minutos. Distribuição: Sony.

A vida de uma pessoa sempre toca a vida de uma outra. As palavras, estas então, possuem um poder que muitos desconhecem. No filme *O Pescador de Ilusões* somos apresentados ao radialista Jack Lucas (Jeff Bridges). Ele está no auge, afinal, seu programa de rádio tem uma excelente audiência e querem que ele faça uma série para a televisão. Jack pensa até em escrever uma autobiografia. Os ouvintes ligam para a rádio para conversar com ele e pedir conselhos. Certo dia, a receber uma das muitas ligações diárias, Jack ouve o relato de Edward e faz um comentário infeliz. Como resultado, a vida de Jack vira do avesso e ele cai em desgraça. Três anos depois ele conhece Parry (Robin Williams), um mendigo alucinado que planeja resgatar o Cálice Sagrado em plena Nova York. Ao descobrir o passado de Parry, o quase suicida Jack vislumbra uma chance de redenção. A partir do roteiro original de Richard LaGravenese, o diretor Terry Gilliam mistura drama, humor, tragédia, romance e a lenda do Rei Arthur. Parece uma salada meio disforme, no entanto, de maneira hábil e sensível, Gilliam "costura" sua história magnificamente. Além de Bridges e Williams, ambos em grande forma, o elenco conta ainda com a estupenda Mercedes Ruehl, no papel que lhe valeu o Oscar de melhor atriz coadjuvante em 1992. Eu gosto de Nova York em junho. E você?

THELMA E LOUISE

THELMA & LOUISE

EUA 1991

Direção: Ridley Scott

Elenco: Susan Sarandon, Geena Davis, Harvey Keitel, Michael Madsen, Chris McDonald, Brad Pitt, Stephen Tobolowsky, Timothy Carhart e Lucinda Jenney. Duração: 129 minutos. Distribuição: Fox.

Quem não gostaria de largar tudo um dia e pegar a estrada? Louise (Susan Sarandon) é garçonete em um restaurante. Thelma (Geena Davis) tem um marido que adora ficar na sala vendo futebol americano pela TV, enquanto ela trabalha na cozinha. Louise convida a amiga Thelma para uma viagem e ela aceita. As duas terminam se envolvendo em uma confusão num bar de beira de estrada. Para salvar Thelma de um estupro, Louise mata um homem. A partir daí, elas decidem fugir para o México e são perseguidas pela polícia. *Thelma e Louise*, dirigido por Ridley Scott e com roteiro de Callie Khouri, conta essa aventura. Quando de seu lançamento, em 1991, o filme foi visto por muitas mulheres como um hino de exaltação à alma feminina. É uma interpretação possível. Porém, *Thelma e Louise* é muito mais do que isso. E aqui cabe até uma reflexão sobre o real papel da mulher em uma sociedade predominantemente machista. As duas terminam por reproduzir na estrada um comportamento que é, em muitos casos, tipicamente masculino. Ou pelo menos se enquadra no modelo masculino propagado pelo cinema ao longo do século passado. Assim como, em diversos momentos, o policial vivido por Harvey Keitel demonstra ter uma sensibilidade feminina mais apurada. E é justamente essa gama de interpretações possíveis que o torna tão especial. Além, é claro, de suas duas atrizes principais que criam conosco uma empatia instantânea. O filme recebeu seis indicações ao Oscar, entre elas as de melhor direção e atriz (tanto para Susan Sarandon como para Geena Davis). Ganhou apenas na categoria de roteiro original. Uma curiosidade: temos aqui o primeiro papel de destaque de Brad Pitt no cinema.

O SEXTO SENTIDO

THE SIXTH SENSE

EUA 1999

Direção: M. Night Shyamalan

Elenco: Bruce Willis, Haley Joel Osment, Toni Collette, Olivia Williams, Trevor Morgan, Donnie Wahlberg e Mischa Barton. Duração: 108 minutos. Distribuição: Buena Vista.

No final dos anos 1990, o diretor M. Night Shyamalan era um ilustre desconhecido. Ele havia escrito e dirigido apenas dois filmes: *Playing With Anger*, em 1992, e *Olhos Abertos*, em 1998. O primeiro deles foi pouquíssimo visto. O segundo deu a ele a visibilidade necessária para emplacar seu terceiro filme, *O Sexto Sentido*. A partir daí, tudo mudou. Shyamalan nasceu na Índia e foi criado nos Estados Unidos. Mais precisamente na cidade de Filadélfia, na Pensilvânia, região onde costuma situar suas histórias. Roteirista e diretor habilidoso, ele conta aqui o drama do Dr. Malcolm Crowe (Bruce Willis), um psicólogo infantil que carrega a terrível lembrança de um jovem paciente seu que ele não conseguiu ajudar. O destino coloca em seu caminho um garoto de oito anos, Cole Sear (Haley Joel Osment), que apresenta um problema similar. O Dr. Crowe vê em Cole uma chance de redenção. "Eu vejo gente morta". Esta revelação feita pelo menino pega o médico de surpresa. Shyamalan, também autor do roteiro, conduz seu filme com uma segurança pouco comum em diretores em início de carreira. Utilizando efeitos especiais de maneira bastante econômica e tendo as personagens, todas elas muito bem construídas, como foco principal da história, *O Sexto Sentido* nos captura por completo. Uma curiosidade: M. Night Shyamalan, a exemplo de Alfred Hitchcock, sempre faz uma ponta em seus filmes. Aqui ele interpreta o Dr. Hill, médico que atende Cole em certa altura da trama.

BARRY LYNDON

BARRY LYNDON

INGLATERRA 1975

Direção: Stanley Kubrick

Elenco: Ryan O'Neal, Marisa Berenson, Patrick Magee, Hardy Krüger, Diana Körner e Steven Berkoff. Duração: 183 minutos. Distribuição: Warner.

É possível gostar de um filme e odiar seu protagonista? Na maioria dos casos é preciso que haja uma empatia entre o público e a personagem principal. Essa regra costuma valer para quase todas as obras de arte que utilizam uma estrutura narrativa. Stanley Kubrick, diretor americano radicado na Inglaterra, subverte essa regra em *Barry Lyndon*, que ele dirigiu em 1975. Baseado no livro de William Makapeace Thackeray, o roteiro, escrito pelo próprio Kubrick, acompanha a trajetória de um irlandês pobre, Redmond Barry (Ryan O'Neal), que sonha fazer parte da nobreza inglesa. Para alcançar seu objetivo, ele não mede esforços e faz o que é necessário para atingi-lo. *Barry Lyndon* foi o primeiro filme de Kubrick após o sucesso de *Laranja Mecânica*. Ele buscou inspiração nos quadros dos pintores ingleses do século XVIII, época em que se passa a história. E foi mais longe ainda. Perfeccionista ao extremo, Kubrick queria que seu filme fosse feito da maneira mais realista possível, como se existisse uma câmara naquele período. Para isso, desenvolveu a partir de lentes usadas pela NASA, um equipamento especial de altíssima sensibilidade e filmou todo o filme com luz natural nas cenas externas e luz de velas nas cenas internas. O efeito é simplesmente assombroso e de uma beleza estonteante. O filme recebeu sete indicações ao Oscar. Ganhou quatro: fotografia, direção de arte, figurino e trilha sonora adaptada. Curiosamente perdeu nas três categorias em que Kubrick concorria pessoalmente, ou seja, filme, direção e roteiro adaptado. Entre os 13 filmes dirigidos por Stanley Kubrick, *Barry Lyndon* não é o mais querido nem o mais lembrado. No entanto, talvez seja o que melhor exemplifica o estilo único desse genial diretor.

FELIZ NATAL

BRASIL 2008

Direção: Selton Mello

Elenco: Leonardo Medeiros, Darlene Glória, Paulo Guarnieri, Graziella Moretto, Lúcio Mauro, Emiliano Queiroz, Bita Catão e Fabrício Reis. Duração: 100 minutos. Distribuição: Europa Filmes.

Selton Mello é um dos atores mais versáteis e populares do novo cinema brasileiro. *Feliz Natal* marca a sua estreia como diretor. Com roteiro escrito por ele, em parceria com Marcelo Vindicatto, acompanhamos aqui a história de Caio (Leonardo Medeiros), um homem de 40 e poucos anos que é dono de um ferro velho. Solitário e amargurado, ele é marcado por um trauma do passado. Na semana do Natal, Caio retorna para a casa dos pais. O cenário não é dos mais confortantes e o clima nada tem de harmonioso. Velhas feridas são abertas e novos problemas surgem a partir daí. O tema é pesado e o diretor-roteirista não mascara isso em momento algum. Selton Mello poderia ter escolhido o caminho mais fácil da comédia, afinal, uma noite de Natal em família sempre rende bons momentos de humor. A escolha por um drama existencial foi consciente. Até por conta de um lado comum nessas comemorações, porém, pouco explorado. Natal nem sempre é sinônimo de alegria. Muitas vezes, é um momento de grandes cobranças e constrangimentos. O diretor estreante não quis reinventar a roda. Inspirado pelos cinemas europeu e argentino, ele demonstra segurança na condução de uma história carregada de personagens complexas. Não é um filme fácil. O drama vivido por Caio é denso e profundo. O elenco, com destaque especial para Leonardo Medeiros, está primoroso e surpreendente. Enfim, uma trama que subverte expectativas e mostra pessoas de verdade tentando encontrar um sentido para suas vidas.

IRRESISTÍVEL PAIXÃO

OUT OF SIGHT

EUA 1998

Direção: Steven Soderbergh

Elenco: George Clooney, Jennifer Lopez, Ving Rhames, Catherine Keener, Susan Hatfield, Dennis Farina, Michael Keaton, Steve Zahn, Luis Guzmán, Isaiah Washington, Scott Allen, Samuel L. Jackson, Albert Brooks, Don Cheadle, Viola Davis e Nancy Allen. Duração: 123 minutos. Distribuição: Universal.

Quando Steven Soderbergh dirigiu *Irresistível Paixão*, em 1998, George Clooney era um ator egresso da televisão e com potencial para o cinema. Ele ainda não tinha "acontecido". De uma certa forma, foi a partir deste filme que sua persona cinematográfica começou a ser formada. E também uma parceria vitoriosa com Soderbergh, que rendeu a trilogia iniciada com *Onze Homens e Um Segredo*. Com roteiro de Scott Frank, escrito a partir do livro de Elmore Leonard, *Irresistível Paixão* merece ser descoberto. Jack Foley (Clooney) é um assaltante de bancos que nunca usa armas em seu ofício. Preso mais uma vez, ele foge da prisão e durante a fuga, por uma série de circunstâncias, termina dentro de um porta-malas com a agente federal Karen Sisco (Jennifer Lopez). A partir daí, em uma longa conversa sobre cinema e outros assuntos dentro do bagageiro do carro, uma forte atração se estabelece entre os dois. O filme é cheio de reviravoltas e de ótimas personagens e conta com um elenco quilométrico e extremamente eficiente. *Irresistível Paixão* se destaca também pelo uso das cores. Cada cidade/cenário tem uma iluminação e um padrão cromático bem definido pelo fotógrafo Elliot Davis. Além disso, mistura inteligentemente gêneros como romance, suspense e comédia. Sem contar a esperta trilha sonora de David Holmes e a montagem criativa de Anne V. Coates. Uma curiosidade: Michael Keaton reprisa aqui o papel de Ray Nicolette, que ele havia interpretado em *Jackie Brown*, dirigido no ano anterior por Quentin Tarantino e também adaptado de um livro de Elmore Leonard.

MARY E MAX - UMA AMIZADE DIFERENTE

MARY AND MAX

AUSTRÁLIA 2009

Direção: Adam Elliot

Animação. Duração: 92 minutos. Distribuição: PlayArte.

Antes de mais nada é preciso um aviso: *Mary e Max – Uma Amizade Diferente* não é uma animação para crianças. Dito isto, convém destacar as inúmeras qualidades deste filme escrito, desenhado e dirigido pelo australiano Adam Elliot. A começar pela técnica utilizada. Elliot trabalha com *stop-motion* e bonecos de massinha. Sua história, anunciada como baseada em fatos, tem início em meados dos anos 1970 e foca duas personagens bem distintas: a Mary e o Max do título. Ela é australiana. Ele mora em Nova York. Mary Daisy Dinkle tem exatos oito anos, três meses e nove dias quando escreve uma carta para Max Jerry Horovitz. O endereço dele ela pegou de maneira aleatória em uma lista de telefones de Nova York que ela viu em uma loja. Max tem 44 anos e apesar da diferença de idade, se identifica com a garota e responde de volta. A partir daí, os dois iniciam uma amizade à distância e compartilham ao longo dos anos seus segredos, anseios, dúvidas e uma visão incomum do mundo que os rodeia. *Mary e Max* é diferente da maioria das animações. Seu tom é melancólico, um pouco depressivo e carregado de tristeza. E justamente por isso talvez seja tão envolvente. Ao fugir de fórmulas fáceis com cenários e personagens coloridos, Elliot realiza uma pequena obra-prima sobre a solidão e a amizade. Entre as muitas cartas trocadas entre Max e Mary, tudo é discutido. Às vezes, de maneira profundamente filosófica. Outras, com a mais pura das inocências. Enfim, um filme de "gente grande".

UM CORPO QUE CAI

VERTIGO

EUA 1958

Direção: Alfred Hitchcock

Elenco: James Stewart, Kim Novak, Barbara Bel Geddes, Tom Helmore, Henry Jones, Raymond Bailey, Ellen Corby, Konstantin Shayne, Lee Patrick e Ezelle Poule. Duração: 129 minutos. Distribuição: Universal.

O tempo é realmente o senhor da razão. Quando Alfred Hitchcock lançou *Um Corpo Que Cai*, em 1958, foi massacrado pela crítica e pelo público. O filme se tornou na época o maior fracasso de sua vitoriosa carreira. Ao longo dos anos seguintes, no entanto, ele foi adquirindo respeito e admiração e hoje é considerado por muitos a obra máxima do diretor. A história se passa em São Francisco, na Califórnia. Scottie Ferguson (James Stewart) é um detetive de polícia que sofre de vertigem (medo de altura), daí o título original *Vertigo*. Já no início da história, um acidente termina por provocar sua aposentadoria. Tempos depois, um ex-colega de faculdade, Gavin Elster (Tom Helmore), o contrata para seguir sua esposa, Madeleine (Kim Novak). Segundo ele, uma mulher com tendências suicidas e algumas outras perturbações. É melhor eu parar por aqui. Se não corro o risco de estragar muitas das surpresas e reviravoltas deste clássico do suspense psicológico. O roteiro, de Alec Coppel e Samuel A. Taylor, é inspirado no livro *D'Entre Les Morts*, escrito por Pierre Boileau e Thomas Narcejac. A história tem elementos sobrenaturais que seriam, seguramente, explorados como tal por muitos outros diretores. Não é o que acontece aqui. Hitchcock não acreditava no sobrenatural. Ele explora em *Um Corpo Que Cai* algo bem humano. A obsessão. Isso fica bem marcado na personagem de Scottie e James Stewart nos convence completamente disso. Outro grande destaque do elenco é Kim Novak, uma atriz belíssima e que talvez por isso, nunca foi levada a sério. Seu desempenho não deixa dúvidas do quanto ela foi subestimada. Enfim, tudo em *Um Corpo Que Cai* é perfeito. Elenco, roteiro, fotografia, trilha sonora (mais um momento inspirado de Bernard Herrmann), montagem e direção. A versão disponível em DVD é a restaurada e remasterizada e conta com um excelente documentário sobre o processo de restauração desta obra-prima. Em tempo: em Portugal, o filme recebeu o título de *A Mulher Que Viveu Duas Vezes*. E isso não é piada.

BONNIE E CLYDE - UMA RAJADA DE BALAS

BONNIE AND CLYDE

EUA 1967

Direção: Arthur Penn

Elenco: Warren Beatty, Faye Dunaway, Michael J. Pollard, Gene Hackman, Estelle Parsons, Denver Pyle e Gene Wilder. Duração: 112 minutos. Distribuição: Warner.

"Essa aqui é a senhorita Bonnie Parker. Eu sou Clyde Barrow. Nós roubamos bancos". É assim que a dupla principal se apresenta em *Bonnie e Clyde – Uma Rajada de Balas*, dirigido em 1967 por Arthur Penn e marco do movimento que ficou conhecido como Nova Hollywood. Na realidade, na segunda metade dos anos 1960 surge nos Estados Unidos um grupo de novos cineastas que, aos poucos, começa a mudar a cara de Hollywood. Além do próprio Penn, fazem parte deste grupo cineastas como Francis Ford Coppola, Martin Scorsese, Brian De Palma, Hal Ashby e Bob Rafelson. Em comum: a inspiração na *Nouvelle Vague* francesa. Em *Bonnie e Clyde*, por exemplo, é possível perceber nitidamente essa influência. Com roteiro escrito por David Newman, Robert Benton e Robert Towne, o filme conta a história do casal Bonnie (Faye Dunaway) e Clyde (Warren Beatty), que durante a Grande Depressão viaja pelo interior dos Estados Unidos assaltando bancos. Tudo começa meio que de brincadeira para espantar o tédio. Depois, a coisa fica séria e violenta. Inovador e transgressor, *Bonnie e Clyde* tem qualidades que até hoje se destacam. O roteiro, repleto de conotações sexuais, continua impecável. A direção inspiradíssima de Arthur Penn imprime um ritmo incomum no cinema americano da época, ritmo este que encontrou a perfeição no trabalho do montador Dede Allen. Outro ponto alto é a fotografia de Burnett Guffey e suas imagens de tirar o fôlego. E claro, o elenco estupendo que conta com uma dupla (Beatty e Dunaway) extremamente carismática e que desenvolve em cena uma química fabulosa. Isso inclui também o fantástico elenco de apoio com nomes como Michael J. Pollard, Gene Hackman, Estelle Parsons e Gene Wilder. Indicado a dez Oscar, levou apenas dois: melhor atriz coadjuvante e fotografia. Uma curiosidade: Primeiro filme produzido pelo ator Warren Beatty, que inicialmente queria que François Truffaut o dirigisse. Como o cineasta francês recusou o convite, Arthur Penn foi chamado e o resto é história.

DOGVILLE

DOGVILLE

DINAMARCA 2003

Direção: Lars von Trier

Elenco: Nicole Kidman, Paul Bettany, John Hurt, Philip Baker Hall, James Caan, Stellan Skarsgård, Jeremy Davies, Chloë Sevigny, Patricia Clarkson e Ben Gazzara. Duração: 178 minutos. Distribuição: Califórnia Filmes.

O cineasta dinamarquês Lars von Trier gosta de provocar. E sua provocação é sempre bem fundamentada. Melhor dizendo, ele sabe provocar. Em março de 1995, junto com o amigo Thomas Vinterberg, ele assinou o manifesto conhecido como *Dogma 95*. A proposta, em resumo, era de retorno ao básico em termos de produção cinematográfica. O curioso é que, nos anos seguintes, nem os próprios criadores do documento seguiam mais as regras do movimento. *Dogville*, que von Trier escreveu e dirigiu em 2003, por exemplo, não tem nada de "dogmático". A história acontece nos Estados Unidos, durante os anos da Grande Depressão. Grace (Nicole Kidman), foge de um bando de gangsteres e pede refúgio em uma pequena e isolada cidade do interior. Inicialmente, ninguém quer ajudá-la. As coisas mudam por conta da intervenção de Tom (Paul Bettany), que convence os moradores a escondê-la. Em troca do "favor", Grace se compromete a realizar pequenos trabalhos para a comunidade. Com o passar dos dias, a situação de Grace só piora. Von Trier concebeu *Dogville* como a primeira parte de uma trilogia sobre a América. Muitos taxaram apressadamente o filme como antiamericano. Existe, sim, uma forte crítica à política do governo Bush e a uma pequena parcela do povo americano que segue essa cartilha. O filme, de cara, nos incomoda pela ausência completa de cenários. Tudo acontece em um enorme palco onde vemos as ruas e as casas da cidade marcados no chão. Não há paredes nem portas, mas, as personagens agem como se elas existissem. E isso cria um efeito perturbador. Com duração de quase três horas, *Dogville* é dividido em capítulos e "capricha" no sofrimento e na vingança de sua personagem principal. Algo meio que recorrente na obra de von Trier, que costuma retratar mulheres vítimas de violência. No final, não há meio termo: ou se gosta ou se detesta. Uma coisa é certa, ninguém passa incólume por um legítimo von Trier.

O BARCO - INFERNO NO MAR

DAS BOOT

ALEMANHA 1981

Direção: Wolfgang Petersen

Elenco: Jürgen Prochnow, Herbert Grönemeyer, Klaus Wennemann, Hubertus Bengsch, Martin Semmelrogge, Bernd Tauber e Erwin Leder. Duração: 209 minutos. Distribuição: Sony.

Muitos criticam o cineasta alemão Wolfgang Petersen por não ser dono de uma obra, digamos, mais autoral. *O Barco – Inferno no Mar* é um filme de autor até a medula. Com roteiro escrito pelo próprio diretor, a partir do livro de Lothar G. Buchheim, *O Barco* conta uma história de heroísmo. O ano é 1942. Segunda Guerra Mundial. O submarino alemão U-96 parte da França ocupada pelos nazistas para mais uma missão no Atlântico. No comando, o Capitão Tenente Henrich Lehmann-Willenbrock (Jürgen Prochnow). A tripulação é composta por jovens com pouquíssima experiência. E a aventura mal começou. Ao longo dos dias, a euforia do início da viagem é substituída pela fadiga. A claustrofobia também aumenta consideravelmente. E esses sentimentos confusos que passam a dominar a tripulação nos atinge por completo. Petersen faz aqui um trabalho de artesão. As personagens são apresentadas de maneira exemplar. A situação é bem definida e o espaço físico, ou seja, o interior do submarino, é explorado em seus corredores, cantos e compartimentos. Lançado nos cinemas com duração reduzida, a versão disponível em DVD tem mais de uma hora adicional e revela em sua totalidade este que é considerado um dos melhores filmes de guerra de todos os tempos.

O BEBÊ DE ROSEMARY

ROSEMARY'S BABY

EUA 1968

Direção: Roman Polanski

Elenco: Mia Farrow, John Cassavetes, Ruth Gordon, Sidney Blackmer, Maurice Evans, Ralph Bellamy, Charles Grodin e Elisha Cook Jr. Duração: 136 minutos. Distribuição: Paramount.

Roman Polanski, cineasta polonês radicado na França, já havia dirigido algumas produções americanas. Porém, foi com *O Bebê de Rosemary*, cujo roteiro ele escreveu a partir do livro de Ira Levin, que ele se firmou como diretor em Hollywood. Aqui, somos apresentados ao casal Guy (John Cassavetes) e Rosemary Woodhouse (Mia Farrow). Eles moram em Nova York e se mudaram recentemente para um novo apartamento. O prédio onde eles passam a morar não tem a melhor das reputações. Mas, seus vizinhos, Roman e Minnie Castevet (Sidney Blackmer e Ruth Gordon), são muitos atenciosos, educados e prestativos. Tudo vai bem até que Guy, um ambicioso, porém, malsucedido ator, passa a frequentar bastante o apartamento do casal do lado e Rosemary fica grávida. A partir daí, coisas estranhas e misteriosas começam a acontecer. Polanski, aos poucos, vai criando o clima necessário para prender nossa atenção. Nada em *O Bebê de Rosemary* é explícito. Tudo é sugerido. E é justamente nesta sutil diferença entre o que não é mostrado e aquilo que imaginamos existir que residem o suspense e o medo provocados pelo filme. O diretor também extrai desempenhos fabulosos de todo o elenco, com destaque para a gentil senhora Castevet, que deu a Ruth Gordon o Oscar de melhor atriz coadjuvante em 1969. Uma curiosidade: o edifício utilizado como locação externa é o Dakota, onde John Lennon veio a morar poucos anos depois das filmagens.

O DESTINO BATE À SUA PORTA [1981]

THE POSTMAN ALWAYS RINGS TWICE

EUA 1981

Direção: Bob Rafelson

Elenco: Jack Nicholson, Jessica Lange, John Colicos, Michael Lerner, Angelina Huston, Christopher Lloyd e William Traylor. Duração: 123 minutos. Distribuição: Warner.

Em 1934 o jornalista e escritor americano James M. Cain publicou sua obra mais conhecida: *O Destino Bate à Sua Porta*. Em 1943, o cineasta italiano Luchino Visconti quis adaptar seu livro para o cinema. Mas, não chegaram a um acordo financeiro satisfatório para ambos. Visconti fez alguns ajustes e escreveu e dirigiu *Obsessão*, que é, em essência, uma cópia da história criada por Cain. Três anos depois, Hollywood produz a primeira versão oficial da obra. Com direção de Tay Garnett e tendo John Garfield e Lana Turner no elenco, o filme é um típico *film noir*. Em 1981, Bob Rafelson, a partir de um roteiro adaptado por David Mamet, dirigiu uma nova versão. Desta vez com uma carga erótica muito mais forte que a primeira adaptação. A trama e a época em que ela se passa continuam as mesmas. Frank Chambers (Jack Nicholson) vaga sem rumo pelo interior dos Estados Unidos. Ele consegue um emprego em um restaurante de beira de estrada. Lá, conhece Cora Papadakis (Jessica Lange), esposa de seu patrão, Nick Papadakis (John Colicos). A paixão de Frank por Cora é instantânea, ardente e obcecada. Ele não medirá esforços para ter Cora só para ele. Nem que para isso seja preciso matar Nick. A química perfeita do casal Nicholson/Lange em tórridas cenas de sexo nos convence por completo do desejo que sentem um pelo outro. A lente de Rafelson não deixa escapar nenhum detalhe e o roteiro bem amarrado de Mamet resgata a força da obra original. Em tempo: as três versões da história foram lançadas no Brasil.

CREPÚSCULO DOS DEUSES

— SUNSET BOULEVARD —

EUA 1950

Direção: Billy Wilder

Elenco: William Holden, Gloria Swanson, Erich Von Stroheim, Nancy Olson, Fred Clark, Lloyd Gough e Jack Webb. Duração: 110 minutos. Distribuição: Paramount.

Só mesmo Billy Wilder para conseguir realizar um filme tão ácido e cruel sobre Hollywood dentro da estrutura hollywoodiana. *Crepúsculo dos Deuses*, que ele dirigiu em 1950, continua intacto e original. A começar pela própria narrativa da trama e o ponto de vista inusitado de quem a conta. William Holden é Joe Gillis, um roteirista desconhecido que certo dia, por acaso, termina entrando na mansão de Norma Desmond (Gloria Swanson), antiga rainha do cinema mudo. Ela agora vive reclusa e conta apenas com a companhia de seu descobridor, ex-marido e agora seu mordomo, Max Von Mayerling, interpretado pelo cineasta Erich Von Stroheim. Todos os dias Norma sonha retomar seu lugar de destaque no rol das grandes estrelas do cinema. Essa chance, acredita ela, surge quando conhece Joe. A relação que se estabelece entre os dois é de puro interesse e transpira tragédia. O mundo cada vez mais bizarro de Norma envolve todos ao seu redor. Diante de tanta loucura, Wilder extrai poesia, beleza e um olhar único de um mundo cercado de glamour, aparências e expectativas. *Crepúsculo dos Deuses* conta ainda com a participação especial de astros como Buster Keaton e H.B. Warner, além do produtor e diretor Cecil B. DeMille, a quem é reservado uma fala clássica, dita por Norma Desmond, no final do filme, ao descer as escadas de sua mansão. Simplesmente imperdível.

LAWRENCE DA ARÁBIA

LAWRENCE OF ARABIA

INGLATERRA/EUA 1962

Direção: David Lean

Elenco: Peter O'Toole, Alec Guinness, Anthony Quinn, Jack Hawkins, Omar Sharif, José Ferrer, Anthony Quayle, Claude Rains, Arthur Kennedy e Donald Wolfit. Duração: 229 minutos. Distribuição: Columbia.

O diretor inglês David Lean já tinha uma reputação de grandioso e perfeccionista quando iniciou a produção de *Lawrence da Arábia*. Ele, que começou a carreira no início dos anos 1930 como montador, passou depois a dirigir filmes intimistas e de baixo orçamento. A partir do final dos anos 1940, Lean adaptou duas obras escritas por Charles Dickens, *Oliver Twist* e *Grandes Esperanças*, que revelaram pela primeira vez sua veia épica. Em 1957, quando lançou *A Ponte do Rio Kwai* tudo foi ampliado e ganhou dimensão ainda maior com o lançamento, em 1962, do grandiloquente e superlativo *Lawrence da Arábia*. O filme conta a história do enigmático Thomas Edward Lawrence, um oficial do exército inglês que terminou por unir as tribos árabes na batalha contra os turcos otomanos durante a Primeira Guerra Mundial. Complexo e imprevisível, Lawrence se aculturou completamente pelo deserto. Herói, charlatão e sádico foram alguns dos rótulos que ele recebeu durante sua breve e intensa vida. David Lean não economiza "tintas" para contar sua história. *Lawrence da Arábia* é um filme ideal para a tela grande. Quanto maior ela for, melhor. Trata-se de uma obra "maior que a vida", como os americanos costumam dizer. Magnificamente fotografada por Freddie Young, diz a lenda que Lean esperou por dias a fio no meio do deserto até conseguir o tom de pôr do sol que ele queria. Com um elenco inteiramente masculino, *Lawrence da Arábia* tem no ator Peter O'Toole sua encarnação perfeita. Pouco conhecido na época, ele tinha participado de alguns trabalhos em televisão e cinema. Nada muito expressivo. Até dar vida a T.E. Lawrence. Indicado a dez Oscar, ganhou sete, entre eles o de melhor filme e diretor.

MINHAS MÃES E MEU PAI

THE KIDS ARE ALL RIGHT

EUA 2010

Direção: Lisa Cholodenko

Elenco: Annette Bening, Julianne Moore, Mark Ruffalo, Mia Wasikowska, Josh Hutcherson, Yaya DaCosta, Kunal Sharma e Eddie Hassell. Duração: 106 minutos. Distribuição: Imagem Filmes.

Da mesma maneira que *O Segredo de Brokeback Mountain* contava uma história de amor que poderia acontecer com qualquer casal, *Minhas Mães e Meu Pai* segue o mesmo caminho. Aqui temos o casal formado por Nic (Annette Bening) e Jules (Julianne Moore). Elas são casadas e vivem em harmonia com dois filhos adolescentes, Joni (Mia Wasikowska) e Laser (Josh Hutcherson). Os dois foram concebidos por inseminação artificial e pouco antes da mudança de Joni, que vai começar seu curso superior, Laser pede sua ajuda para encontrar o pai biológico dos dois. O pai de ambos é o mesmo homem, Paul (Mark Ruffalo). A partir daí, com a presença "paterna" na família, todos passam por mudanças inesperadas em suas vidas. A diretora e roteirista Lisa Cholodenko se inspirou em fatos de sua própria vida para criar sua história, que escreveu junto com Stuart Blumberg. Com delicadeza e segurança, Cholodenko conduz sua trama e conta com um elenco inspiradíssimo. Bening e Moore convencem como um casal que vive junto há bastante tempo. Daquele tipo em que um completa a frase do outro. Os filhos, bem resolvidos e sem "grilos" por pertencerem a uma família diferente do convencional, encontram no casal de jovens atores o ponto certo de interpretação e completando a turma, o sempre eficiente Mark Ruffalo. Sem levantar bandeiras ou questionamentos morais, o filme de Cholodenko se limita a contar uma história que poderia ter acontecido em qualquer família que tenha recorrido a um procedimento de inseminação artificial. *Minhas Mães e Meu Pai*, título nacional para *The Kids Are All Right*, algo como "as crianças estão bem", é leve, sutil, divertido e humano. Em Portugal, a tradução foi literal. Lá ele se chama *Os Miúdos Estão Bem*.

A HARPA DA BIRMÂNIA

BIRUMA NO TATEGOTO

JAPÃO 1956

Direção: Kon Ichikawa

Elenco: Shôji Yasui, Rentaro Mikuni, Kiichi Nakai, Koji Ishizaka e Atsushi Watanabe. Duração: 116 minutos. Distribuição: Lume Filmes.

Existem muitos filmes de guerra. A maioria deles de ação. Poucos utilizam o tema como forma de contestação. Em *A Harpa da Birmânia*, o diretor japonês Kon Ichikawa conta uma história carregada de poesia, beleza, dor e desespero. Estamos no final da Segunda Guerra Mundial, na Birmânia, próximo à fronteira com a Tailândia. Somos apresentados ao capitão Inouye (Rentaro Mikuni), que, apaixonado por música, tem um harpista em seu pelotão e ensina seus subordinados a cantar. Muitos soldados japoneses se recusam a acreditar que seu país perdeu a guerra. Quando os ingleses exigem a rendição completa deles, muitos insistem em continuar lutando. Cabe ao harpista, Mizushima (Shôji Yasui), convencer seus compatriotas da derrota do Japão. Uma missão ingrata que termina por transformá-lo completamente. Ichikawa, apesar de contemporâneo de Kurosawa e Ozu, só se destacou como cineasta a partir dos anos 1950, quando fez parte da chamada *nouvelle vague* nipônica. *A Harpa da Birmânia*, realizado em 1956, é seu filme mais conhecido. Sua bela fotografia em preto-e-branco e a trilha sonora realçam ainda mais sua mensagem antimilitar. Não há beleza nem triunfo nas guerras. Somente perdas. E os olhos de Mizushima presenciam, assim como os nossos, todo esse horror. Ichikawa não enfeita nada. Suas imagens impactantes encontram redenção na figura do harpista, cuja transformação termina por nos transformar também.

MOULIN ROUGE: AMOR EM VERMELHO

MOULIN ROUGE!

EUA/AUSTRÁLIA 2001

Direção: Baz Luhrmann

Elenco: Nicole Kidman, Ewan McGregor, John Leguizamo, Jim Broadbent, Richard Roxburgh, Garry McDonald e Caroline O'Connor. Duração: 127 minutos. Distribuição: Fox.

O musical, assim como o faroeste e o policial, é um gênero americano por excelência. Seu nascimento coincide com o surgimento do cinema falado e, principalmente, com o período da grande depressão, no início dos anos 1930. Naquela época, Hollywood precisava "animar" seu público. Para tanto, alguém teve a idéia de transpor para o cinema os musicais da Broadway. Ao longo das décadas seguintes, o gênero fez escola e produziu diversas obras-primas. Até perder o fôlego nos anos 1960 e praticamente sumir a partir dos anos 1970. Contrariando as expectativas, o cineasta australiano Baz Luhrmann, no começo do século XXI, realiza o musical *Moulin Rouge: Amor em Vermelho*. Surge a pergunta: como atrair o público para um gênero moribundo? Simples, pensou Luhrmann, recheando seu filme de referências da música e da cultura pop. Os versos cantados pelos atores são todos tirados de canções de bandas como Queen, Police e Nirvana, por exemplo. A trama acontece em Paris, na virada dos séculos XIX para o XX. Christian (Ewan McGregor) se apaixona perdidamente por Satine (Nicole Kidman), a grande estrela do cabaré Moulin Rouge. Com cores fortes, um elenco afinadíssimo (tanto na atuação como na voz) e um ritmo bem acelerado, Luhrmann realizou um filme vigoroso e original. Um deleite para nossos olhos e ouvidos.

CHEGA DE SAUDADE

BRASIL 2008

Direção: Laís Bodanzky

Elenco: Tônia Carrero, Leonardo Villar, Conceição Senna, Maria Flor, Elza Soares, Jorge Loredo, Betty Faria, Stepan Nercessian, Cássia Kiss e Paulo Vilhena. Duração: 95 minutos. Distribuição: Buena Vista.

A cineasta Laís Bodanzky, antes de mergulhar no universo adolescente em *As Melhores Coisas do Mundo*, visitou o mundo dos clubes de dança em *Chega de Saudade*. Apesar do título, que remete à música de João Gilberto, o filme nada tem de bossa nova. Sua história acontece durante uma noite de baile. Tudo começa no finalzinho da tarde, ainda com a luz do sol, e se estende até perto da meia-noite. De um abrir de portas do salão, até a descida de escada do último freguês. O roteiro, escrito por Laís e seu marido, Luiz Bolognesi, contou com a colaboração de mais nove roteiristas. O que poderia, pela quantidade de gente envolvida, resultar em uma trama confusa, revela-se uma sensível e comovente mistura de drama e comédia. Ao acompanhar cinco núcleos de personagens que frequentam o baile, somos envolvidos de maneira irremediável por suas vidas. Estamos diante de pessoas reais, de diferentes faixas etárias e condições sociais. Pessoas que amam e traem, desejam e sonham com um futuro melhor. Tudo isso embalado por muita música e muita dança. *Chega de Saudade* mostra a evolução de uma diretora que em seu segundo longa já demonstra maturidade e um forte senso autoral. Sem querer cair no trocadilho fácil, trata-se de um filme que não "perde o ritmo" em momento algum.

CRASH: ESTRANHOS PRAZERES

CRASH

CANADÁ/INGLATERRA 1996

Direção: David Cronenberg

Elenco: James Spader, Holly Hunter, Elias Koteas, Deborah Kara Unger, Rosanna Arquette e Peter MacNeill. Duração: 100 minutos. Distribuição: Lume Filmes.

O cineasta canadense David Cronenberg é obcecado pelo corpo humano, que costuma aparecer, com maior ou menor destaque, em todos os seus filmes. Porém, em nenhuma outra obra sua, Cronenberg foi tão longe em sua obsessão. *Crash: Estranhos Prazeres* nos conta a história de James Ballard (James Spader), um homem que após sofrer um terrível e violento acidente de carro, termina por se envolver com um grupo de pessoas que cultiva um estranho prazer: unir o perigo da morte ao desejo sexual. O fetiche de seus componentes é reconstituir acidentes de carro sem respeitar norma alguma de segurança. Para eles, isso aumenta sobremaneira o clima erótico. O roteiro, escrito pelo próprio Cronenberg, é uma adaptação do livro homônimo de J. G. Ballard, o mesmo autor de *O Império do Sol*, que virou filme dirigido por Steven Spielberg. *Crash*, não confundir com o filme de mesmo nome realizado por Paul Haggis, é forte e extremamente sensual. Não há aqui julgamento algum de valor. Isso não combina com o cinema de Cronenberg, um diretor afeito a tratar de temas considerados tabus. Sua câmara revela personagens que buscam desesperadamente extrair o prazer da dor. Não a dor espiritual, mas a dor física, sentida na pele e nos ossos.

LUZES DA RIBALTA

LIMELIGHT

EUA 1952

Direção: Charles Chaplin

Elenco: Charles Chaplin, Claire Bloom, Nigel Bruce, Buster Keaton e Sydney Chaplin. Duração: 137 minutos. Distribuição: Warner/Versátil.

Dizer que Charles Chaplin é um gênio e um dos grandes Mestres do Cinema é quase um clichê. Se alguém ainda duvida, basta assistir ao filme *Luzes da Ribalta*, seu último trabalho rodado nos Estados Unidos. Chaplin sempre incomodou muita gente em Hollywood e tinha um inimigo perigoso no governo americano, o todo-poderoso diretor do FBI, J. Edgar Hoover, que aproveitou uma viagem do artista a Londres para revogar seu visto de entrada no país. Chaplin se mudou então para a Suíça e somente vinte anos depois retornou à América para recebeu um Oscar honorário pelo conjunto de sua obra. *Luzes da Ribalta* pode ser considerado seu testamento artístico, sua última obra-prima. A história se passa em Londres, em 1914. Calvero (Chaplin), é um velho comediante que fizera muito sucesso no passado. Tudo muda quando ele salva uma jovem, Thereza (Claire Bloom), de uma tentativa de suicídio. Ela sonhava se tornar uma bailarina e com as pernas paralisadas, teve que abandonar seu sonho. Calvero promete ajudá-la e, a partir daí, se estabelece uma relação de ajuda mútua entre o ex-palhaço e a quase futura dançarina. *Luzes da Ribalta* comporta muitos gêneros e muitas interpretações. Há um pouco de tudo aqui: drama, comédia, romance e tragédia. Além de dirigir e atuar, Chaplin produziu o filme e compôs sua trilha sonora, que foi premiada com o Oscar da categoria em 1972, ano de seu lançamento nos Estados Unidos. Como se tudo isso não bastasse, *Luzes da Ribalta* é marcante também por reunir pela primeira e única vez dois dos maiores comediantes do cinema em todos os tempos: Charles Chaplin e Buster Keaton. O que vou escrever agora é um clichê, mas, não existe outra maneira de dizê-lo: este filme é imperdível.

CONTRA O TEMPO

SOURCE CODE

EUA 2011

Direção: Duncan Jones

Elenco: Jake Gyllenhaal, Michelle Monaghan, Vera Farmiga, Jeffrey Wright, Michael Arden e Cas Anvar. Duração: 93 minutos. Distribuição: Imagem Filmes.

O diretor Duncan Jones, filho do camaleão do rock David Bowie, já havia demonstrado talento logo no seu filme de estreia, *Lunar*. Agora, neste segundo trabalho, *Contra o Tempo*, ele prova que não era apenas um principiante de sorte. O filme lida com um tema muito caro à ficção-científica e que costuma povoar o inconsciente coletivo do público: a viagem no tempo. No caso de *Contra o Tempo*, a trama gira em torno de um experimento do governo americano chamado "Código Fonte" (daí o título original), que permite que alguém assuma a identidade de uma outra pessoa nos seus últimos oito minutos de vida. É isso que faz o piloto de helicóptero do exército dos Estados Unidos Colter Stevens (Jake Gyllenhaal). Ele volta no tempo e acorda no corpo do professor Sean Fentress, que está dentro de um trem, a caminho de Chicago, na companhia de Christina Warren (Michelle Monaghan). Sua missão é simples: em oito minutos ele precisa descobrir onde está colocada uma bomba, para, a partir daí, descobrir quem a colocou. O roteiro, escrito pelo estreante Ben Ripley, se concentra basicamente dentro de um dos vagões do trem e vai e volta no tempo diversas vezes, sempre refazendo os últimos oito minutos antes da explosão. Um diretor menos talentoso poderia se perder nesse verdadeiro labirinto temporal. Jones utiliza essas idas e vindas a favor do filme e consegue pontuar perfeitamente cada recomeço sem que nós, espectadores, percamos o fio narrativo. Enxuto, inteligente, direto e cheio de boas surpresas, *Contra o Tempo* é diversão garantida.

O LABIRINTO DO FAUNO

EL LABERINTO DEL FAUNO

ESPANHA/MÉXICO 2006

Direção: Guillermo del Toro

Elenco: Ivana Baquero, Sergi López, Ariadna Gil, Maribel Verdú, Doug Jones, Alex Angulo, Manolo Solo, Cesar Vea e Roger Casamajor. Duração: 118 minutos. Distribuição: Warner.

Misturar gêneros cinematográficos não é uma tarefa fácil. Em *O Labirinto do Fauno*, o diretor mexicano Guillermo del Toro se arrisca neste terreno pantanoso e se sai muito bem. A partir de um roteiro original escrito por ele, o filme nos transporta para o ano de 1944, na Espanha. Somos apresentados a Ofélia (Ivana Baquero), uma menina de 13 anos, que se muda com a mãe, Carmen (Ariadna Gil), que está grávida, para uma cidade do interior. Lá, elas encontrarão Vidal (Sergi López), capitão do exército de Franco, novo marido de Carmen. Em clima de conto de fadas sobrenatural, del Toro nos conduz, através da descoberta da garota, pelas ruínas de um labirinto escondido dentro da casa. Ofélia encontra um fauno que lhe faz uma incrível revelação. Com habilidade, o diretor-roteirista ainda consegue inserir em sua trama a questão política vivida pela Espanha durante o regime franquista e tem em Vidal uma das personagens mais cruéis do cinema nos últimos tempos. O toque de gênio fica por conta da maneira como a história é contada. Há muitas interpretações possíveis e del Toro não apresenta soluções fáceis para nenhuma delas. Além disso, o filme tem um apuro técnico e visual impressionantes. Uma característica marcante das obras do diretor e que se sobressai ainda mais quando ele trabalha com material próprio. Indicado a seis prêmios Oscar em 2007, *O Labirinto do Fauno* terminou ganhando a metade deles: melhor fotografia, direção de arte e maquiagem.

UM DIA MUITO ESPECIAL

UNA GIORNATA PARTICOLARE

ITÁLIA 1977

Direção: Ettore Scola

Elenco: Sophia Loren, Marcello Mastroianni, John Vernon, Françoise Berd e Alessandra Mussolini. Duração: 110 minutos. Distribuição: Versátil.

O cineasta italiano Ettore Scola se formou em Direito, trabalhou como jornalista e radialista, mas descobriu sua verdadeira vocação no cinema. Primeiro, durante quase dez anos, como roteirista. A partir de 1964, quando realizou a comédia *Fala-se de Mulheres*, assumiu também a cadeira de diretor. Sua carreira é marcada pela diversidade de temas e quantidade de filmes que dirigiu, quase 40, o que dá uma média de quase um filme por ano. *Um Dia Muito Especial*, realizado em 1977, é considerado uma de suas obras máximas. Com roteiro escrito por ele, em parceria com Ruggero Maccari e Maurizio Costanzo, conta a história de dois vizinhos, Antonietta (Sophia Loren) e Gabriele (Marcello Mastroianni). Ela é uma dona de casa, mãe de seis filhos e casada com um militante fascista. Ele é homossexual e trabalha como radialista. Os dois passam juntos o dia 06 de maio de 1938, data da célebre visita de Hitler e Mussolini à Roma. A sequência que precede o encontro dos dois é simplesmente fabulosa. Todos os moradores do conjunto habitacional saem de seus apartamentos e descem as escalas ao mesmo tempo. Como se estivessem ouvindo um chamado superior, no caso, uma convocação do governo. Apenas três pessoas permanecem: a zeladora do prédio, Antonietta e Gabriele. Ao longo do dia eles viverão intensamente, compartilhando suas vidas, sonhos, problemas e esperanças. E o que dizer da dupla composta por Sophia Loren e Marcello Mastroianni? Interpretação impecável e inesquecível. Scola realiza aqui um filme simples na sua aparência, porém, carregado de uma profundidade tão densa e complexa que só é possível aos gênios. Apesar do clichê, não há como resistir no trocadilho: *Um Dia Muito Especial* é uma obra realmente especial. Uma curiosidade: o filme foi produzido por Carlo Ponti, marido de Sophia Loren.

KES

KES

INGLATERRA 1969

Direção: Ken Loach

Elenco: David Bradley, Freddie Fletcher, Lynne Perrie, Colin Welland, Brian Glover, Bob Bowes, Bernard Atha, Laurence Bould, Joey Kaye e Ted Carroll. Duração: 110 minutos. Distribuição: Lume Filmes.

Ken Loach é herdeiro direto da tradição inglesa do documentário e aplica isto de maneira soberba nos filmes que realiza. Todos eles carregados de forte teor político. *Kes*, que ele dirigiu em 1969, é seu segundo trabalho para cinema e é até hoje um de seus filmes mais populares. Acompanhamos aqui a história de um menino, Billy (David Bradley), que vive em um bairro pobre da cidade e sofre *bullying* tanto em casa como na escola. Para fugir daquela difícil realidade, ele encontra alento treinando um falcão, o Kes do título. Loach demonstra que seu estilo poético, porém, engajado, já estava presente no início de sua carreira. *Kes*, infelizmente, conta uma história que continua bastante atual. Tinha visto este filme ainda nos anos 1970, em uma sessão de cineclube. Recentemente o revi e curiosamente imaginei o álbum *The Wall*, do Pink Floyd, tocando no fundo, como se fosse parte da trilha sonora. Talvez essa sensação tenha surgido pela maneira que Loach retrata o sistema educacional, mostrado como autoritário e arbitrário. Divagações à parte, *Kes* exala poesia e protesto, beleza e revolta, trilhando o caminho futuro deste grande diretor que manteve-se fiel ao seu espírito contestador dos primeiros trabalhos.

O CÉU DE SUELY

BRASIL 2006

Direção: Karim Aïnouz

Elenco: Hermila Guedes, Georgina Castro, Maria Menezes, João Miguel, Zezita Matos, Mateus Alves, Gerkson Carlos, Marcélia Cartaxo e Flávio Bauraqui. Duração: 88 minutos. Distribuição: VideoFilmes.

A maior parte da produção cinematográfica brasileira continua restrita ao eixo Rio-São Paulo. No entanto, os focos de criatividade e originalidade vêm surgindo em outras regiões, principalmente o nordeste, que conta com três fortes polos de produção: Ceará, Pernambuco e Bahia. O cearense Karim Aïnouz talvez seja o grande mentor dessa "nouvelle vague nordestina". Dono de um estilo seco, direto, quase documental, ele não foge ao próprio padrão em *O Céu de Suely*, seu segundo longa. Aïnouz iniciou sua carreira ainda nos anos 1990, quando realizou dois curtas, *Seams* e *Paixão Nacional*. A estreia em longas acontece em 2002, com *Madame Satã*. Em *O Céu de Suely* acompanhamos o retorno de Hermila (Hermila Guedes) a Iguatu, no sertão cearense, depois de uma temporada de dois anos em São Paulo. Ela volta com o filho pequeno e espera pelo marido, que prometeu voltar também. O reencontro com a família, as amigas e com João (João Miguel), o antigo namorado, deixa claro que ela não pertence mais àquele lugar. A partir de conversas com Georgina (Georgina Castro), ela adota o nome de Suely e resolve rifar o próprio corpo para uma "noite de amor" e com isso, levantar o dinheiro necessário e ir embora outra vez. A atriz pernambucana Hermila Guedes vinha de uma pequena participação em *Cinema, Aspirinas e Urubus* e revela-se aqui uma grande protagonista. Aïnouz deixa claro seu carinho para com as personagens neste filme meio *road movie*, meio viagem interior. *O Céu de Suely* fala de sonhos e esperanças de maneira pragmática, sem fantasias e questionamentos morais. Uma curiosidade: você deve ter notado que o diretor costuma "batizar" as personagens com o mesmo nome dos atores.

NÚPCIAS DE ESCÂNDALO

THE PHILADELPHIA STORY

EUA 1940

Direção: George Cukor

Elenco: Cary Grant, Katharine Hepburn, James Stewart, Ruth Hussey, John Howard, Roland Young, Mary Nash e Henry Daniell. Duração: 112 minutos. Distribuição: Warner.

Sabe aquele tipo de filme que não tem como sair errado? *Núpcias de Escândalo* pertence a esta categoria. Tudo começou no teatro, onde a peça escrita por Philip Barry obteve grande sucesso com Katharine Hepburn no papel principal. A atriz comprou os direitos da peça e contratou o roteirista Donald Ogden Stewart para adaptá-la para o cinema. Seu poder era tanto que ela recusou várias propostas de estúdios que queriam produzir o filme. Terminou optando pela Metro e escolheu o diretor, George Cukor, e a dupla de atores James Stewart e Cary Grant, além, é claro, de reprisar na telona o mesmo papel que havia feito no teatro. Prestes a se casar pela segunda vez, Tracy Lord (Hepburn) enfrenta alguns imprevistos causados pela visita de seu ex-marido, C.K. Dexter Haven (Grant) e do repórter Macaulay Connor (Stewart). Tudo isso gera uma grande transformação em Tracy e, definitivamente, nada mais será como antes. *Núpcias de Escândalo* pertence a um período que não existe mais. Uma época em que Hollywood sabia produzir comédias sofisticadas e inteligentes. O filme de Cukor tem todos aqueles elementos que fazem um filme funcionar: um roteiro impecável, um elenco primoroso, uma montagem ágil, uma direção precisa. Muitas outras qualidades podem ser percebidas. Citei apenas quatro delas que já garantem o espetáculo. O filme recebeu seis indicações ao Oscar. Ganhou duas: melhor roteiro e melhor ator, para James Stewart. Uma curiosidade: esta mesma história foi refilmada 16 anos depois com o título de *Alta Sociedade* e com o trio Grace Kelly, Bing Crosby e Frank Sinatra nos papéis principais.

TRAINSPOTTING: SEM LIMITES

TRAINSPOTTING

INGLATERRA 1996

Direção: Danny Boyle

Elenco: Ewan McGregor, Ewen Bremner, Jonny Lee Miller, Kevin McKidd, Robert Carlyle, Kelly MacDonald e Peter Mullan. Duração: 94 minutos. Distribuição: Versátil.

Qualquer filme ou livro precisa ter um bom começo. Ao som de *Lust for Life,* cantada por Iggy Pop, com Renton, personagem de Ewan McGregor, correndo alucinadamente e narrando em off um sem números de escolhas que precisamos fazer. Este é o início de *Trainspotting: Sem Limites*, de Danny Boyle. E começa muito bem. Em um subúrbio de Edimburgo, na Escócia, quatro jovens desocupados e viciados em heroína mergulham cada vez mais em um futuro sem perspectiva alguma. Boyle, junto com McGregor, o produtor Andrew Macdonald e o roteirista John Hodge formavam um quarteto extremamente criativo. Já haviam feito juntos *Cova Rasa* e fariam depois *Por Uma Vida Menos Ordinária*. Baseado no livro de Irvine Welsh, *Trainspotting* foi o maior sucesso de público e crítica dos quatro e marcou toda uma geração do novo cinema inglês. O mais interessante no filme é o carinho que Boyle e Hodge demonstram para com suas personagens. Não há julgamentos morais aqui. O diretor e o roteirista não recriminam nem enaltecem a vida que Renton e seus amigos levam. Isso fica por conta de cada espectador. Dinâmico, original e transgressor, *Trainspotting* já nasceu clássico. Uma curiosidade: o termo que dá título ao filme significa "matar o tempo vendo os trens passarem".

O HOSPEDEIRO

GWOEMUL

CORÉIA DO SUL 2006

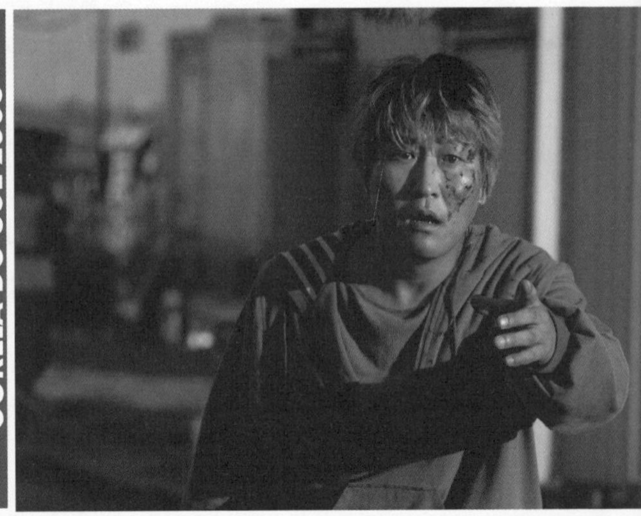

Direção: Joon-ho Bong

Elenco: Kang-ho Song, Hie-bong Byeon, Hae-il Park, Doona Bae e Ah-sung Ko. Duração: 119 minutos. Distribuição: Swen Filmes.

O cinema sul-coreano vem se destacando nos últimos anos por sua diversidade e qualidade. Nomes como Park Chan-wook, que realizou *Oldboy*, e Joon-ho Bong, diretor de *O Hospedeiro*, são dois de seus maiores expoentes. Até pouco tempo, quando falávamos em cinema oriental costumávamos nos referir quase que exclusivamente aos filmes feitos no Japão. Hoje, felizmente, o panorama é outro. O mais curioso e estimulante em *O Hospedeiro* é que se trata de um filme de monstro. Começa como um filme de monstro, com todos aqueles clichês do gênero, inclusive, em relação aos responsáveis por tudo. Existe até um subtexto de caráter ecológico. Mais não é só isso. Na trama, um monstro aparece no rio Han, em Seul, e desestrutura a vida de Gang-du (Hang-ho Song), que é dono de um quiosque de lanches próximo à beira do rio. A partir daí, sua única preocupação é ter a família reunida novamente, nem que para isso tenha que enfrentar o monstro e o governo juntos. Surpreendentemente, o diretor tira o foco da criatura e nos revela um forte drama familiar. Na verdade, o monstro continua na história, mas ele se torna uma espécie de coadjuvante de luxo, aparecendo aqui e ali, de maneira violenta e cômica ao mesmo tempo. Apesar do aspecto um pouco trash de algumas sequências, *O Hospedeiro* tem personalidade própria e surpreende por sua ousadia narrativa.

GUERRA AO TERROR

— THE HURT LOCKER —

EUA 2008

Direção: Kathryn Bigelow

Elenco: Jeremy Renner, Anthony Mackie, Brian Geraghty, Guy Pearce, Ralph Fiennes, David Morse, Evangeline Lilly e Christopher Sayegh. Duração: 130 minutos. Distribuição: Imagem Filmes.

Até se tornar o grande vencedor do Oscar de 2010, *Guerra ao Terror* enfrentou desafios que pareciam difíceis de serem superados. A começar pelo próprio filme que, mesmo com um custo baixo para os padrões hollywoodianos, 15 milhões de dólares, quase não foi produzido. A diretora Kathryn Bigelow só conseguiu o dinheiro quando seu ex-marido, James Cameron (ele mesmo, o diretor de *Titanic* e *Avatar*), deu uma "força". Contou também a favor do projeto o envolvimento de três respeitados atores: Ralph Fiennes, Guy Pearce e David Morse. Filme pronto, o segundo desafio: a distribuição. Ninguém queria distribuir um filme que se passava no Iraque ocupado pelo exército americano. A ferida era muito recente. Bigelow começou a exibir seu trabalho em festivais e em circuitos restritos e o filme foi ganhando prêmios e críticas elogiosas. Aos poucos, as barreiras começaram a ser derrubadas. No Brasil o filme foi lançado direto em DVD. O roteiro de Mark Boal nos apresenta um grupo de soldados que esperam alguns dias, pouco mais de 30, para voltarem para casa. Eles fazem parte de um esquadrão especial do exército cujo trabalho principal é desarmar bombas. O filme inteiro caminha, literalmente, sobre um campo minado. E essa sensação nos é transmitida por completo pela diretora. *Guerra ao Terror* é tenso, nervoso, angustiante e provoca taquicardia. Muita gente se negou a vê-lo induzida pela péssima tradução brasileira que nos faz crer se tratar de um filme pró-Bush. Muito pelo contrário. Quase não há combate nem sentimentos patrióticos. O foco condutor da trama é o fator humano. Acompanhamos a vida de um grupo de soldados que diariamente arriscam suas vidas desarmando bombas e contando as horas que faltam para irem embora daquele inferno. Indicado a nove Oscar, ganhou em seis categorias: som, mixagem de som, montagem, roteiro original, filme e diretor (Kathryn Bigelow, primeira mulher premiada com o Oscar de direção em 82 anos de Oscar).

LIGAÇÕES PERIGOSAS

DANGEROUS LIAISONS

EUA/INGLATERRA 1988

Direção: Stephen Frears

Elenco: Glenn Close, John Malkovich, Michelle Pfeiffer, Swoosie Kurtz, Keanu Reeves, Mildred Natwick, Uma Thurman e Peter Capaldi. Duração: 119 minutos. Distribuição: Warner.

O cineasta britânico Stephen Frears já tinha um nome consolidado na Inglaterra quando estreou em Hollywood dirigindo *Ligações Perigosas*, em 1988. O roteiro é baseado no romance de Choderlos de Laclos, adaptado primeiro para o teatro e depois para o cinema por Christopher Hampton. A história acontece às vésperas da Revolução Francesa. Somos apresentados à Marquesa de Merteuil (Glenn Close), que faz uma aposta com o Visconde de Valmont (John Malkovich). O desafio: seduzir a recatada Madame de Tourvel (Michelle Pfeiffer). No meio do caminho, a jovem Cécile de Volange (Uma Thurman), também é seduzida por conta de uma vingança pessoal de Valmont. Intrigas e traições fazem parte do cardápio diário da Marquesa e tanto o roteiro de Hampton como a direção de Frears fazem bom uso de uma série de artifícios para expor a hipocrisia da aristocracia francesa da segunda metade do século XVIII. Com uma estupenda reconstituição de época, figurinos deslumbrantes e um elenco em desempenho arrebatador, *Ligações Perigosas* nos conquista primeiro pela exuberância dos cenários e do vestuário. Depois, à medida que o filme avança, ele nos "pega" pela inteligência. Duas curiosidades: Em 1989, Milos Forman dirigiu uma outra versão da mesma história, *Valmont*, com Colin Firth no papel título. Dez anos mais tarde, o romance foi atualizado para os dias atuais com o título de *Segundas Intenções*.

WATCHMEN: O FILME

WATCHMEN

EUA 2009

Direção: Zack Snyder

Elenco: Billy Crudup, Matthew Goode, Jackie Earle Haley, Jeffrey Dean Morgan, Patrick Wilson, Malin Akerman, Carla Gugino, Matt Frewer e Stephen McHattie. Duração: 162 minutos. Distribuição: Paramount.

Watchmen, de Alan Moore e Dave Gibbons, é considerada por muitos a maior história em quadrinhos de todos os tempos. A adaptação cinematográfica desta obra colossal passou pelas mãos de diversos diretores, entre eles, Terry Gilliam. Terminou sendo entregue a Zack Snyder, graças à fama obtida por ele com a versão para cinema da HQ *300*, de Frank Miller. *Watchmen* parte de uma premissa bem interessante: como seria nosso mundo se existissem homens encapuzados que combatessem o crime? A trama acontece em um 1985 alternativo, onde os americanos venceram a guerra do Vietnã, não houve o escândalo de Watergate e Richard Nixon está em seu quinto mandato como presidente dos Estados Unidos. *Watchmen* é uma obra complexa e sua adaptação, já era esperado, não seria das mais fáceis. Nesse ponto, o roteiro escrito por David Hayter e Alex Tse se revela fiel, respeitoso e transgressor ao mesmo tempo. Alguns pequenos ajustes tiveram que ser feitos. O maior deles, a mudança do final da história (Alan Moore, me desculpe, mas ele funciona melhor no filme que nos quadrinhos). Snyder tem um senso visual apurado e fez de *Watchmen* um deleite para os nossos sentidos. Só não foi muito feliz na escolha das músicas. Com exceção de *The Times They Are A-Changing*, de Bob Dylan, que toca na bela e concisa abertura, as demais se revelam, em sua maioria, inadequadas. O elenco não compromete e possui três grandes destaques: Jackie Earle Haley (Rorschach), Jeffrey Dean Morgan (Comediante) e Billy Crudup (Dr. Manhattan). Os cenários e os figurinos são deslumbrantes e a parte técnica é das mais eficientes. Saldo final extremamente positivo para uma trama que muitos consideravam impossível de ser adaptada corretamente. Até Moore ficaria orgulhoso, mesmo que ele nunca admita isso. Em tempo, existem três versões do filme: a que foi exibida nos cinemas, uma outra com cenas adicionais e uma terceira (não lançada no Brasil) que contém a animação dos *Contos do Cargueiro Negro* integrada à narrativa.

TRÊS ENTERROS

THE THREE BURIALS OF MELQUIADES ESTRADA

EUA/FRANÇA 2005

Direção: Tommy Lee Jones

Elenco: Tommy Lee Jones, Barry Pepper, Julio Cedillo, Dwight Yoakam, January Jones e Melissa Leo. Duração: 121 minutos. Distribuição: Califórnia Filmes.

O ator Tommy Lee Jones, a exemplo de Clint Eastwood, criou no cinema o que poderíamos chamar de "tipo durão". Seu rosto marcado, sua postura e tom de voz caem bem em papéis de policial ou vaqueiro. Essas características estão presentes na personagem de Pete Perkins, que ele interpreta no filme *Três Enterros*, sua estreia como diretor de cinema. A partir de um roteiro escrito por Guillermo Arriaga (*Amores Brutos*, *21 Gramas* e *Babel*), estamos aqui diante de um western contemporâneo de narrativa fragmentada e não linear, como é comum nas obras do roteirista. A história se passa em uma região próxima à fronteira dos Estados Unidos com o México. Melquiades Estrada (Julio Cedillo) é o melhor amigo de Pete. Ele é morto por um patrulheiro e, como bem resume o título do filme, é enterrado três vezes neste road movie quixotesco. Lee Jones optou por um terreno conhecido para marcar seu primeiro trabalho na direção. E o que poderia resultar em uma "pisada na bola", se revela um filme maduro e muito bem dirigido. *Três Enterros*, em momento algum, parece um trabalho de estreante. Lee Jones conduz sua trama com segurança e objetividade, demonstrando que é bom tanto diante como atrás da câmara. Duas curiosidades: o roteirista Guillermo Arriaga faz uma ponta (no papel de Juan) e a atriz January Jones (Lou Ann), apesar do sobrenome em comum, não tem relação alguma de parentesco com o ator/diretor.

INVERNO DA ALMA

WINTER'S BONE

EUA 2010

Direção: Debra Granik

Elenco: Jennifer Lawrence, John Hawkes, Isaiah Stone, Ashlee Thompson, Valerie Richards, Dale Dickey e Tate Taylor. Duração: 100 minutos. Distribuição: Califórnia Filmes.

Uma das coisas mais difíceis no cinema é conseguir ser original em um gênero com regras bem estabelecidas. A diretora Debra Granik consegue este feito em *Inverno da Alma*. O roteiro é baseado no livro escrito por Daniel Woodrell e foi adaptado por Granik, em parceria com a roteirista Anne Rosellini. A história acompanha o drama da jovem Ree Dolly (Jennifer Lawrence), de apenas 17 anos, que cuida sozinha da mãe doente e de dois irmãos menores. Como se não bastassem os problemas cotidianos de sobrevivência em uma realidade extremamente dura, ela ainda precisa encontrar o pai desaparecido sob o risco de perder a casa onde moram. A ação acontece na região montanhosa de Ozark, no interior do interior dos Estados Unidos. Somente este cenário inóspito justificaria assistir a este filme. No entanto, *Inverno da Alma* oferece muito mais. A começar por Jennifer Lawrence, talvez a mais talentosa atriz de sua geração. Seu desempenho, indicado ao Oscar, é vigoroso, contundente e comovente. E olha que ela ainda não tinha 20 anos de idade quando fez este papel. Outro ponto alto é a própria trama que mistura drama familiar com suspense investigativo. Granik conduz a ação com segurança e maturidade, sem maquiagem. Ela dá espaço para que todo o elenco brilhe em cenas muitas vezes fortes e de extrema brutalidade, mas inteiramente contextualizadas. E, talvez por isso mesmo, mais aterradoras. *Inverno da Alma* é um filme diferente, incomum e fora dos padrões. E isso é muito bom.

OS SUSPEITOS [1995]

THE USUAL SUSPECTS

EUA 1995

Direção: Bryan Singer

Elenco: Gabriel Byrne, Kevin Spacey, Stephen Baldwin, Chazz Palminteri, Kevin Pollak, Benicio Del Toro, Pete Postlethwaite, Suzy Amis, Giancarlo Esposito e Dan Hedaya. Duração: 106 minutos. Distribuição: Paramount.

Em muitas delegacias, certos tipos de crimes, quando são relatados, possuem o que os policiais costumam chamar de "os suspeitos de sempre". A partir do roteiro original de Christopher McQuarrie, o diretor Bryan Singer desenvolve aqui uma trama intricada e cheia de reviravoltas. Narrado de maneira não linear, *Os Suspeitos* conta a história de cinco ladrões que, por conta de inúmeras passagens pela polícia, são logo presos. Afinal, pelo padrão do crime, eles são "os suspeitos de costume", nome que o filme recebeu em Portugal e que traduz literalmente o título original. Singer ganhou projeção em Hollywood com este trabalho e de quebra trouxe ao mundo um dos mais astutos vilões da História do Cinema: o famigerado Keyser Soze. O elenco, predominantemente masculino, é dos mais competentes. Apesar da forte concorrência, dois atores se destacam: Benicio Del Toro, que fala uma língua própria, e Kevin Spacey, no papel de Verbal, que como o próprio nome antecipa, fala pelos cotovelos. *Os Suspeitos* envolve o espectador da primeira à última cena e termina de maneira surpreendente. Convém até alertar que seu final é daquele tipo especial que não pode ser revelado. O filme ganhou dois Oscar em 1996: melhor roteiro original e melhor ator coadjuvante, para Kevin Spacey. Para ver de olhos bem abertos.

LÉOLO

LÉOLO

CANADÁ/FRANÇA 1992

Direção: Jean-Claude Lauzon

Elenco: Maxime Collin, Ginette Reno, Roland Blouin, Julien Guiomar, Pierre Bourgault, Giudetta Del Vecchio, Andrée LaChapelle e Denys Arcand. Duração: 105 minutos. Distribuição: Lume Filmes.

O diretor canadense Jean-Claude Lauzon é natural de Quebec e morreu cedo, aos 44 anos, vítima de um acidente aéreo. Em sua breve carreira, dirigiu apenas três filmes (um curta e dois longas). *Léolo* é o mais famoso deles. Com roteiro original escrito pelo próprio diretor, o filme conta a história de uma família disfuncional de maneira única. Em ritmo de conto de fadas, inclusive com direito a um narrador, acompanhamos o jovem Léolo (Maxime Collin), que acredita ter sido gerado por um tomate. Ou melhor, ele diz ser italiano, filho de um camponês siciliano, cujo esperma foi parar em um tomate que terminou fecundando sua mãe, em Montreal. Parece muita viagem, não? Espere até conhecer as neuras da família do garoto. Léolo faz uso de sua imaginação para conquistar a liberdade de um mundo cada vez mais mergulhado na insanidade. O mais interessante é o tratamento dado por Lauzon. Seu filme é carregado de poesia e de belas soluções visuais, inclusive as eróticas, que de tão puras são muito engraçadas. Tudo isso torna quase impossível não nos encantarmos por sua narrativa. *Léolo* ganhou os prêmios mais importantes dos festivais de cinema do Canadá e o prêmio da audiência do Fantasporto (Festival de Cinema Fantástico do Porto), além de uma indicação para a Palma de Ouro de Cannes. Um filme marcante e único

MEIA-NOITE EM PARIS

— MIDNIGHT IN PARIS —

ESPANHA/EUA/FRANÇA 2011

Direção: Woody Allen

Elenco: Owen Wilson, Rachel McAdams, Marion Cotillard, Michael Sheen, Alison Pill, Corey Stoll, Tom Hiddleston e Kathy Bates. Duração: 94 minutos. Distribuição: Paris Filmes.

Os seres humanos são eternos insatisfeitos. Muitos deles acreditam que o tempo atual não é o melhor. Não por acaso o uso constante de expressões como: "no meu tempo" ou "bons tempos aquele". A impressão que muitos de nós tem é que tudo era melhor em um outra época. Além disso, existem a percepção, a fantasia e a expectativa que criamos em torno das coisas, das pessoas e dos lugares que nos rodeiam. O cineasta americano Woody Allen "brinca" com tudo isso em *Meia-Noite em Paris*. Neste filme, repleto de personagens históricas e fictícias, parece que ninguém se sente pleno em seu próprio tempo e/ou com a percepção das coisas. Esse senso de inadequação encontra ressonância quase que instantânea no espectador. Talvez por isso, *Meia-Noite em Paris* tenha se tornado um dos maiores sucessos comerciais da carreira do diretor-roteirista. A trama começa quando Gil (Owen Wilson), viaja à Paris com a noiva, Inez (Rachel McAdams) e os pais dela. Cada um deles tem uma visão diferente da cidade. Inez e sua mãe só pensam nas compras. O pai, espera fechar um grande negócio e ponto final. Gil, alterego de Allen no filme, sonha com uma Paris que não existe mais. Ele trabalha como roteirista em Hollywood. É bem pago por seu serviço, porém, vive frustrado por se sentir deslocado. Certa noite, ao pegar um táxi, Gil é levado até uma festa diferente de todas as outras. Lá ele encontra aquilo que sempre procurou. Premiado com o Oscar de melhor roteiro original em 2012, *Meia-Noite em Paris* revela que Woody Allen continua em excelente forma. Com sutileza, sagacidade, bom humor e espirituosidade ele nos conduz por uma viagem surreal e cheia de surpresas. Uma prova de que é possível realizar um filme inteligente, fora dos padrões convencionais e estabelecer um diálogo de alto nível com o público.

TOURO INDOMÁVEL

RAGING BULL

EUA 1980

Direção: Martin Scorsese

Elenco: Robert De Niro, Joe Pesci, Cathy Moriarty, Frank Adonis, Frank Topham, Frank Vincent, Johnny Barnes, Mario Gallo, Nicholas Colasanto e Theresa Saldana. Duração: 129 minutos. Distribuição: Fox.

E pensar que Martin Scorsese não queria dirigir *Touro Indomável*. Devemos agradecer a Robert De Niro, que após ler a autobiografia de Jake LaMotta durante as filmagens de *O Poderoso Chefão – Parte II*, viu que a história daria um filme. A partir daí, foram necessários quatro anos para convencer Scorsese a assumir a direção do projeto. De Niro queria repetir a trinca criativa de *Taxi Driver*, a partir do roteiro adaptado por Paul Schrader, depois finalizado por Mardik Martin, baseado no livro escrito por LaMotta. T*ouro Indomável* é mais que um filme de boxe. A citação bíblica que aparece no final, "tudo que sei é que eu era cego e agora posso ver", resume bem a dramática vida de Jake LaMotta (De Niro). Dono de uma personalidade complicada, para usarmos aqui um termo suave, o boxeador era literalmente uma espécie de "bateria" que acumulava energia e a descarregava no ringue e também, ou principalmente, fora dele. Extremamente paranoico e ciumento, o tripé que se estabelece entre Jake, sua esposa Vickie (Cathy Moriarty) e seu irmão Joey (Joe Pesci) é responsável pela forte carga emocional que move a trama. Falar da interpretação de Robert De Niro vai além do óbvio (o ator engordou 30 quilos para mostrar a fase decadente do boxeador). De Niro nos entrega uma personagem complexa, perturbada, instável, violenta e carismática. Seu desempenho é cheio de nuances e sutilezas que só conseguimos perceber após repetidas "visitas" ao filme. E o que dizer da direção de Scorsese? Simplesmente algo próximo ao sublime. Esnobado pela Academia de Artes e Ciências Cinematográficas de Hollywood, *Touro Indomável* recebeu oito indicações ao Oscar e ganhou apenas duas: melhor ator (para De Niro) e melhor montagem (para Thelma Shoonmaker, em seu primeiro trabalho para Scorsese). Simplesmente obrigatório.

CHINATOWN

CHINATOWN

EUA 1974

Direção: Roman Polanski

Elenco: Jack Nicholson, Faye Dunaway, John Huston, Perry Lopez, John Hillerman, Darrell Zwerling, Diane Ladd, Roy Jenson, Roman Polanski e Richard Bakalyan. Duração: 130 minutos. Distribuição: Paramount.

O cineasta polonês Roman Polanski rodou apenas dois filmes nos Estados Unidos: *O Bebê de Rosemary*, em 1968, e *Chinatown*, em 1974. Foi justamente após as filmagens de *Chinatown*, em uma festa na casa do ator Jack Nicholson, que Polanski se "envolveu" com uma garota de 13 anos e, por conta disso, foge até hoje da Justiça americana. Com produção do lendário Robert Evans, o mesmo de *O Poderoso Chefão*, e com roteiro original de Robert Towne (considerado por especialistas o melhor roteiro já escrito), *Chinatown* conta a história de um detetive particular, Jake Gittes (Jack Nicholson), que é contratado por uma misteriosa mulher para investigar Hollis Mulwray (Darrell Zwerling), engenheiro chefe do Departamento de Água e Energia de Los Angeles. Durante as investigações, Gittes conhece Evelyn (Faye Dunaway), mulher de Hollis e, à medida que se aprofunda no caso, segredos de família e altas negociações envolvendo a cidade de Los Angeles e o poderoso Noah Cross (John Huston) começam a aparecer. Polanski imprime em *Chinatown* um clima de *film noir*. O elenco impecável e a condução segura e elegante da trama garantem um espetáculo cinematográfico único. Polanski, que faz uma ponta no filme (é ele o cara que corta o nariz de Jake), foi contratado por Evans porque o produtor queria um "olhar europeu" para o filme. O diretor, por sua vez, apesar de ter adorado o roteiro, relutou em aceitar o convite por ter que retornar à Los Angeles, cidade onde Sharon Tate, sua esposa, havia sido assassinada cinco anos antes pelo maníaco Charles Manson. *Chinatown* foi indicado a onze Oscar e ganhou apenas um, o de melhor roteiro original. Não dá nem para reclamar de Hollywood neste caso. O grande vencedor daquele ano foi *O Poderoso Chefão – Parte II*. Uma curiosidade: as aventuras do detetive Jake Gittes foram planejadas para compor uma trilogia. Chinatown foi o primeiro filme. Em 1990, o próprio Jack Nicholson, dirigiu e atuou no segundo filme, *A Chave do Enigma* (*The Two Jakes*). O terceiro ainda não foi feito.

PROCURANDO ELLY

DARBAREYE ELLY

IRÃ 2009

Direção: Asghar Farhadi

Elenco: Taraneh Alidoosti, Golshifteh Farahani, Shahab Hosseini, Merila Zare'i, Mani Haghighi, Peyman Moadi e Ra'na Azadivar. Duração: 119 minutos. Distribuição: Imovision.

O cineasta iraniano Asghar Farhadi é dono de um estilo bem peculiar de contar histórias. Suas tramas costumam começar de maneira bem simples, corriqueira, sem muitas novidades. No entanto, à medida que a ação avança, as situações vão se complicando e crescendo de maneira tal que fica difícil acreditar que teve um início quase banal. Não é diferente em *Procurando Elly*, filme que escreveu e dirigiu em 2009. Ahmad (Shahab Hosseini) passou alguns anos na Alemanha e agora está de volta ao Irã. Nada mais natural seus amigos organizarem uma grande festa de comemoração que durará três dias. A bela Elly (Taraneh Alidoosti) é uma das convidadas e Ahmad, recém-separado de uma alemã, vê na iraniana a mulher ideal para recomeçar a vida. No dia seguinte, para surpresas de todos, Elly desaparece. A partir daí, o clima fica cada vez mais pesado, amargo e cheio de acusações mútuas. Farhadi mostra em seus filmes um Irã diferente daquele país radical que costuma aparecer nos noticiários do Ocidente. Existe uma modernidade que contrasta com a imagem que nos é imposta. Isso não deixa de fora os conflitos provocados pelo choque de gerações e pela força das tradições seculares do país. Mas Farhadi consegue transitar por todos esses temas sem perder o rumo e sem nunca tirar o foco daquilo que é mais importante em qualquer história: as personagens.

VELUDO AZUL

BLUE VELVET

EUA 1986

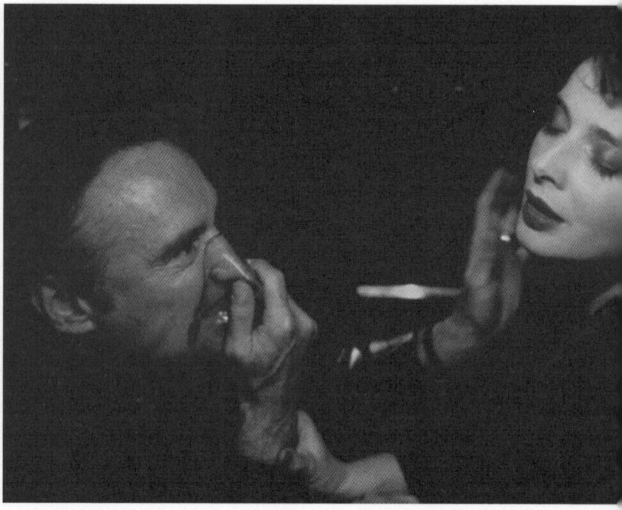

Direção: David Lynch

Elenco: Kyle MacLachlan, Laura Dern, Dennis Hopper, Isabella Rossellini, Hope Lange, Dean Stockwell, Frances Bay, Jack Nance e Brad Dourif. Duração: 120 minutos. Distribuição: Fox.

O cineasta David Lynch tem um estilo tão peculiar que é quase um adjetivo. Muitos costumam chamar seus filmes de esquisitos. A verdade é que sua obra foge do padrão convencional e isso sempre incomoda a maioria das pessoas. O cinema de Lynch aborda sempre um mundo que está diante de nossos olhos e não percebemos. Um mundo escondido sob uma aparente normalidade. Bem no começo de *Veludo Azul*, uma de suas obras mais conhecidas, isto fica bem claro. Primeiro, vemos um lindo gramado. Depois, a câmara vai baixando e mostra insetos. É mais ou menos assim com a vida de Jeffrey Beaumont (Kyle MacLachlan). Tudo perfeito e no seu devido lugar. Até que um dia ele encontra uma orelha humana em um terreno baldio. Curioso em descobrir a quem ela pertence, ele inicia uma investigação que o leva ao submundo de sua cidade. Mistérios e tentações surgem em seu caminho através das perturbadoras figuras de um sádico vivido por Dennis Hopper (em desempenho memorável) e uma atormentada cantora de boate, papel de Isabella Rossellini. Além de um roteiro cheio de surpresas escrito pelo próprio Lynch e seu elenco perfeito, *Veludo Azul* possui inúmeras outras qualidades. A fotografia de Frederick Elmes consegue ser sedutora, envolvente e assustadora ao mesmo tempo. Assim como a trilha sonora composta por Angelo Badalamenti, que cria a atmosfera adequada para a história. Tudo isso sob a direção segura de Lynch, um artista inquieto e provocador que desperta em nós sentimentos diversos. Seu cinema não tem meio-termo. Você gosta ou detesta. Mas, nunca fica indiferente.

JOGO DE CENA

BRASIL 2007

Direção: Eduardo Coutinho

Elenco: Marília Pêra, Andréa Beltrão, Fernanda Torres, Aleta Gomes Vieira, Claudiléa Cerqueira de Lemos, Débora Almeida, Gisele Alves Moura, Mary Sheyla e Sarita Houli Brumer. Duração: 107 minutos. Distribuição: VideoFilmes.

Eduardo Coutinho é considerado o melhor documentarista do cinema brasileiro. E deve ser mesmo. Ele tem uma característica bem peculiar: quebra qualquer gelo. Explico melhor. Coutinho vai chegando de mansinho, sabe ouvir e dar tempo às pessoas. Sua sensibilidade permite que ele se aproxime, se "aconchegue" e conquiste a confiança do entrevistado. E os temas que ele escolhe para seus filmes criam uma dúvida das mais saudáveis: será que estamos mesmo diante de um documentário? Em *Jogo de Cena*, essa "dúvida" nunca esteve tão presente. A ideia é bem simples. Coutinho colocou um anúncio no jornal e 83 mulheres atenderam ao chamamento para contar suas histórias de vida em um estúdio. Desse total, 23 foram selecionadas e gravadas em um teatro. A partir daí, poucos meses depois, essas histórias foram interpretadas por atrizes. Um verdadeiro "jogo de cena", como o próprio título, de maneira precisa, anuncia. O curioso é que, depois de um certo tempo, simplesmente não sabemos o que é verdade e o que é encenação. E é justamente nessa "dificuldade" que reside a força do filme. Coutinho, habilmente, brinca com nossa percepção do real e do artificial. Como eu já disse, *Jogo de Cena* tem como base uma ideia bem simples. Sua execução, no entanto, é das mais complexas. É aí que entra a genialidade do diretor. E ela faz toda a diferença.

TRONO MANCHADO DE SANGUE

KUMONOSU-JÔ

JAPÃO 1957

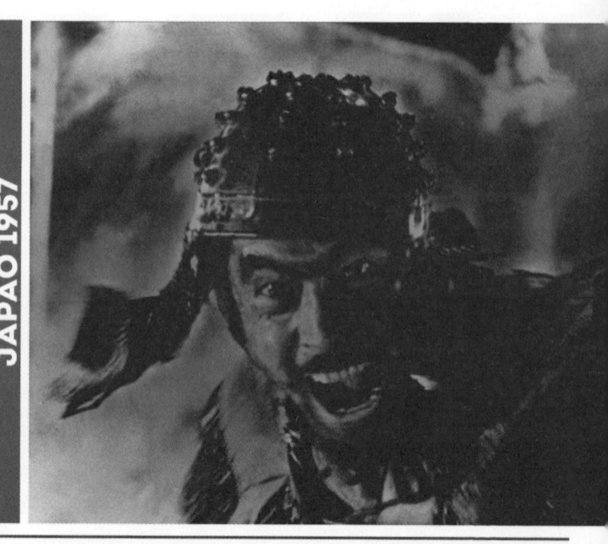

Direção: Akira Kurosawa

Elenco: Toshiro Mifune, Isuzu Yamada, Minoru Chiaki, Takashi Shimura, Akira Kubo, Takamaru Sasaki, Yoichi Tachikawa e Chieko Naniwa. Duração: 110 minutos. Distribuição: Versátil.

Akira Kurosawa, o mais conhecido dos cineastas japoneses, nunca escondeu de ninguém seu gosto por histórias ocidentais. Em especial as escritas por William Shakespeare. A diferença é que ele sempre soube como poucos misturar os elementos "estrangeiros" com os de sua própria cultura. Autor de uma extensa filmografia, um dos fatos mais marcantes de sua longa carreira é ter realizado tantos trabalhos de qualidade. E *Trono Manchado de Sangue* é apenas uma de suas muitas obras-primas. Aqui, Kurosawa transporta para o Japão feudal a história de Macbeth. A ação acontece no século XVI, em um país sacudido por guerras civis. Dois samurais, Washizu (Toshiro Mifune) e Miki (Akira Kubo), retornam vitoriosos do campo de batalha. No meio do caminho eles encontram uma misteriosa senhora que diz a Washizu que ele se tornará o Senhor do Castelo do Norte. Ao relatar a profecia para sua mulher, Asaji (Isuzu Yamada), ele se vê envolvido em uma trágica e sangrenta luta pelo poder. *Trono Manchado de Sangue* é um Kurosawa em seu melhor. O apuro visual, as cenas grandiosas, a fotografia deslumbrante, o elenco soberbo, com destaque para Mifune, ator preferido do diretor. Tudo no filme funciona a favor da história, que possui uma combinação das mais felizes. Shakespeare visto por Kurosawa é arte pura.

TEMPESTADE DE GELO

THE ICE STORM

EUA 1997

Direção: Ang Lee

Elenco: Kevin Kline, Joan Allen, Sigourney Weaver, Henry Czerny, Tobey Maguire, Christina Ricci, Elijah Wood, Jamey Sheridan e Katie Holmes. Duração: 113 minutos. Distribuição: Flashstar.

O cineasta Ang Lee nasceu em Taiwan e se formou em Cinema nos Estados Unidos. Seus três primeiros filmes tinham sua terra e cultura natal como tema. A partir do quarto trabalho, *Razão e Sensibilidade*, realizado na Inglaterra, o olhar de Lee se tornou, digamos assim, mais universal. *Tempestade de Gelo* é seu primeiro filme inteiramente americano. Baseado no romance de Rick Moody, adaptado pelo roteirista James Schamus, a trama se desenrola durante o feriado de Ação de Graças do ano de 1973. Somos apresentados aos Hood, que passam por um processo de total desintegração. Benjamin (Kevin Kline) é casado com Elena (Joan Allen) e tem dois filhos: Paul (Tobey Maguire) e Wendy (Christina Ricci). Ele também tem uma amante, Janey (Sigourney Weaver), que é vizinha e amiga íntima da família. Lee, com muita sensibilidade e precisão, nos envolve no turbilhão de emoções, angústias e desejos que ronda a vida de cada um dos Hood. O elenco, composto por atores de diferentes gerações, é coeso e afinado. O texto forte e bem escrito abre espaço para grandes interpretações. E essa combinação encontra eco na maneira como o diretor conduz a narrativa. *Tempestade de Gelo* é um filme que fala de relacionamentos em seus diversos níveis e trata o tema de forma adulta e sem agredir nossa inteligência.

PRECISAMOS FALAR SOBRE O KEVIN

WE NEED TO TALK ABOUT KEVIN

INGLATERRA/EUA 2011

Direção: Lynne Ramsay

Elenco: Tilda Swinton, Ezra Miller, John C. Reilly, Siobhan Fallon, Ursula Parker e Jasper Newell. Duração: 112 minutos. Distribuição: Paris Filmes.

Rooney Mara, a Lisbeth Salander da versão americana de *Os Homens Que Não Amavam as Mulheres* é uma boa atriz e seu desempenho no filme está acima da média. Porém, no Oscar de 2012 ela terminou tomando a "vaga" de uma atriz fabulosa em um trabalho, no mínimo, estupendo: Tilda Swinton, em *Precisamos Falar Sobre o Kevin*. Aqui ela interpreta Eva, com toda a carga simbólica e recorrente que o nome da "primeira mulher" traz. O filme da diretora Lynne Ramsey se baseia no livro de mesmo nome, escrito por Lionel Shriver. Uma obra que muitos consideravam dificílima de ser adaptada para o cinema. Eva vive sozinha. Sua casa e seu carro foram pintados de vermelho. Ela é hostilizada nas ruas e tenta recomeçar sua vida em um novo emprego. Aos poucos, esse quebra-cabeças começa a fazer sentido. Ela é mãe de Kevin (Jasper Newell, quando criança e Ezra Miller, na adolescência). Sua relação com o filho sempre foi complicada. Seu marido, Franklin (John C. Reilly), é condescendente demais, para dizer o mínimo. O roteiro, de autoria de Ramsey, em parceria com Rory Kinnear, aposta na não linearidade para contar sua história. A fotografia, às vezes quente, às vezes fria, de Seamus McGarvey, reforça a intensidade das situações apresentadas. Além disso, temos na montagem de Joe Bini e na trilha sonora composta por Jonny Greenwood, guitarrista do Radiohead, o complemento perfeito para o "clima" proposto pela diretora. Será que Kevin seria diferente se sua relação com Eva tivesse sido outra? Será que ele não teria feito o que fez? Ramsey não responde a essas perguntas. As respostas ficam abertas e é daí que vem a força do filme. Dessa imprecisão e da "força da natureza" que atende pelo nome de Tilda Swinton.

ROCCO E SEUS IRMÃOS

ROCCO E I SUOI FRATELLI

ITÁLIA 1960

Direção: Luchino Visconti

Elenco: Alain Delon, Renato Salvatori, Max Cartier, Rocco Vidolazzi, Spiros Focas, Annie Girardot, Katina Paxinou, Roger Hanin e Claudia Cardinale. Duração: 168 minutos. Distribuição: Versátil.

Luchino Visconti, que deu início ao movimento neorrealista italiano em 1943, quando dirigiu *Obsessão*, encerra 17 anos depois, com *Rocco e Seus Irmãos*, o ciclo de filmes que revolucionou o cinema mundial. A trama gira em torno da família Parondi. A matriarca, Rosaria (Katina Paxinou), após ficar viúva, se muda com os filhos Rocco (Alain Delon), Simone (Renato Salvatori), Ciro (Max Cartier) e Luca (Rocco Vidolazzi) para Milão, onde já vive o filho mais velho, Vincenzo (Spiros Focas). Tudo o que Rosaria quer é uma vida melhor. Mas a vida na cidade grande faz com que cada irmão tome um rumo diferente. É a partir dos conflitos provocados por uma sociedade hostil e a sua influência sobre uma família fragmentada e corrompida em seus valores e costumes que Visconti extrai e expõe um rico painel do comportamento humano. O elenco do filme mereceria uma resenha especial. Em se tratando de uma história com muitas personagens, nem sempre se consegue um equilíbrio e uma harmonia entre os atores. Visconti, com muita habilidade, abre espaço para que todos brilhem em cena. E nessa tarefa, a colaboração do fotógrafo Giuseppe Rotunno e do músico Nino Rota só enriquecem ainda mais o conjunto da obra. *Rocco e Seus Irmãos* influenciou gerações de cineastas em todo o mundo e, mesmo tendo sido realizado há mais de meio século, sua força continua intacta. Certos filmes não são clássicos por acaso.

TODA FORMA DE AMOR

BEGINNERS

EUA 2010

Direção: Mike Mills

Elenco: Ewan McGregor, Christopher Plummer, Mélanie Laurent, Goran Visnjic e Mary Page Keller. Duração: 105 minutos. Distribuição: Universal.

O cineasta californiano Mike Mills dirigiu alguns documentários e muitos vídeo clipes antes de estrear como diretor de longas com *Toda Forma de Amor*, que ele também escreveu o roteiro. Narrado de maneira fragmentada, o filme conta a história de Oliver (Ewan McGregor), um pessoa que aparenta ter medo de viver. Ele recorda dos momentos que viveu com seu pai, Hal (Christopher Plummer), um homem que aos 75 anos assumiu sua homossexualidade. A revelação e a maneira como Hal encara sua vida a partir daí, modifica aos poucos o jeito com que Oliver encara o trabalho e seus relacionamentos, seja com os amigos ou com Anna (Mélanie Laurent), uma jovem irreverente e completamente imprevisível. Hal sempre levou uma vida secreta e sufocou seus desejos por causa de seu casamento. Oliver sempre achou que havia algo de estranho, mas não sabia o que era e isso, provavelmente, influenciou sua maneira de ser. Da mesma forma, a mudança de comportamento de seu pai após a viuvez e sua convivência com ele transformam Oliver por completo. Mills conduz sua trama com delicadeza e carinho para com suas personagens. Além disso, faz uso de gráficos, fotos e ilustrações para pontuar e esclarecer algumas passagens, o que dá ao filme um frescor inusitado. *Toda Forma de Amor*, inexplicavelmente não foi lançado nos cinemas brasileiros. Saiu direto em DVD e merece ser descoberto. Em tempo: Christopher Plummer ganhou o Oscar de melhor ator coadjuvante em 2012 por sua luminosa interpretação.

SINDICATO DE LADRÕES

— ON THE WATERFRONT —

EUA 1954

Direção: Elia Kazan

Elenco: Marlon Brando, Rod Steiger, Karl Malden, Eva Marie Saint, Pat Hingle, Lee J. Cobb, Martin Balsam, Pat Henning e James Westerfield. Duração: 108 minutos. Distribuição: Sony.

"Você não entende. Eu poderia ter tido classe. Eu poderia ter sido um lutador. Eu poderia ter sido alguém, ao invés de um vagabundo, que é o que eu sou". Essa fala da personagem Terry Malloy, um dos muitos papéis icônicos do grande Marlon Brando, é dita ao seu irmão, Charley (Rod Steiger), em um momento marcante de *Sindicato de Ladrões*. Dirigido em 1954 por Elia Kazan, a partir de um roteiro original de Budd Schulberg, o filme conta a história de um ex-boxeador, Terry, que agora trabalha para Johnny Friendly (Lee J. Cobb), o chefão do sindicato dos empregadores do porto. Charley é o braço direito de Johnny e a fala reproduzida no início deste texto resume bem o espírito do filme e a relação dos dois irmãos. Terry, que é forte mas não tem uma inteligência na mesma proporção, teve sua grande chance no ringue e a deixou escapar por causa de Charley. Ele se sente culpado por conta de algo que aconteceu durante seu "trabalho". Para complicar ainda mais as coisas, seu envolvimento com Edie (Eva Marie Saint) e os conselhos do padre Barry (Karl Malden) só aumentam ainda mais sua angústia e frustração. Kazan sabe contar uma história muito bem. *Sindicato de Ladrões* é violento, dramático, intenso e envolvente. Mesmo passado tanto tempo de sua realização, seus conflitos continuam bem atuais porque são inerentes aos seres humanos, de qualquer parte do mundo. Clássico absoluto, foi o grande vencedor do Oscar de 1955, ao ganhar oito estatuetas: filme, diretor, ator (Marlon Brando), atriz coadjuvante (Eva Marie Saint), roteiro, fotografia, montagem e direção de arte.

OS 12 MACACOS

TWELVE MONKEYS

EUA 1995

Direção: Terry Gilliam

Elenco: Bruce Willis, Madeleine Stowe, Brad Pitt, Christopher Plummer, David Morse, Joseph Melito, Jon Seda e Frank Gorshin. Duração: 129 minutos. Distribuição: Universal.

Terry Gilliam não é um diretor convencional. E mesmo quando ele faz um filme para um grande estúdio e tem astros de Hollywood no elenco, não pense que isso é motivo para ele se "enquadrar" no famoso cinemão regado a base de refrigerante e pipoca. Gilliam é dono de um apurado senso visual e tem uma predileção especial por tramas inusitadas e fora do comum. Os *12 Macacos* se presta inteiramente a esta visão de mundo do diretor. O roteiro, escrito por David Webb Peoples, teve como inspiração o curta-metragem *La Jetée*, de Chris Marker e trata de viagem no tempo. No futuro, mais precisamente em 2035, o planeta está devastado por conta de um misterioso vírus que dizimou 95% da população. Os animais não foram afetados e os poucos humanos sobreviventes vivem agora no subsolo das cidades. James Cole (Bruce Willis), é enviado ao ano de 1996 para tentar descobrir a origem do vírus e, com isso, possibilitar sua contenção. A única pista que ele possui diz respeito ao Exército dos 12 Macacos, grupo ambientalista radical liberado por Jeffrey Goines (Brad Pitt), que está internado em hospício. É para lá que Cole é enviado e é onde ele termina conhecendo a psiquiatra Kathryn Railly (Madeleine Stowe). Os *12 Macacos* vai e volta no tempo inúmeras vezes, mas, em momento algum, se você estiver atento, te faz perder "o fio da meada". Mérito do roteiro, da montagem e, principalmente, da direção. E, antes que eu me esqueça, Bruce Willis e Brad Pitt arrasam em seus papéis. Preste atenção no belo tema do filme, *Suite Punta Del Este*, de Astor Piazzolla, e também na homenagem ao clássico *Um Corpo Que Cai*, de Alfred Hitchcock.

JULES E JIM: UMA MULHER PARA DOIS

JULES ET JIM

FRANÇA 1962

Direção: François Truffaut

Elenco: Oskar Werner, Henri Serre, Jeanne Moreau, Anny Nelsen, Boris Bassiak, Jean-Louis Richard, Michel Subor, e Sabine Haudepin. Duração: 105 minutos. Distribuição: Versátil.

Baseado no romance semibiográfico de Henri-Pierre Roche, *Jules e Jim: Uma Mulher Para Dois*, escrito e dirigido por François Truffaut, é um dos marcos da *Nouvelle Vague* francesa, movimento cinematográfico iniciado no final dos anos 1950 e encabeçado por críticos de cinema da revista *Cahiers du Cinema*. A história do filme começa no início do século XX, quando o alemão Jules (Oskar Werner) e o francês Jim (Henri Serre) se conhecem e se tornam grande amigos. Pouco depois, eles encontram a bela e impulsiva Catherine (Jeanne Moreau) e se transformam em um trio inseparável. Juntos, eles aproveitam tudo de bom que a vida pode oferecer. A trama acompanha esse "triângulo amoroso" ao longo de décadas e Truffaut faz de seu filme um grande hino de amor à vida. Impossível não nos contagiarmos com a quase inocente relação que se estabelece entre os três. O elenco também ajuda bastante, principalmente Jeanne Moreau, que enche a tela sempre que aparece. Além dos atores, vale destacar a montagem de Claudine Bouché, que imprime o ritmo certo ao filme, e a bela fotografia de Raoul Coutard, também responsável pelas imagens de Acossado, de Jean-Luc Godard, outro filme-marco do movimento. *Jules e Jim* fala de amizade, de arte, de amor, de renúncia, de guerra, de idas e vindas e de perdão. Enfim, fala de pessoas que procuram viver intensamente suas vidas e suas paixões. E isso não é pouco.

ATRAÇÃO PERIGOSA

THE TOWN

EUA 2010

Direção: Ben Affleck

Elenco: Ben Affleck, Rebecca Hall, Jeremy Renner, Jon Hamm, Blake Lively, Pete Postlethwaite, Chris Cooper e Titus Welliver. Duração: 125 minutos. Distribuição: Warner.

Ben Affleck possui muitas limitações como ator. Mas como diretor, ele tem se revelado uma grata surpresa. *Atração Perigosa* é seu segundo trabalho por trás das câmeras e já demonstra uma evolução em relação ao seu filme de estreia, *Medo da Verdade*. Desta vez, Affleck assumiu múltiplas funções. Além de dirigir, ele também atuou e escreveu o roteiro, em parceria com Peter Craig e Aaron Stockard, a partir do romance *Príncipe dos Ladrões*, de autoria de Chuck Hogan. A história acontece em Boston, sua cidade natal, e isso fica logo evidente pela maneira como a cidade é mostrada. Todo ano, mais de 300 assaltos são registrados lá e boa parte dos assaltantes mora na região. Affleck é Doug MacRay, líder de um grupo que tem como marca maior não ter sido capturado pela polícia. Ele não tem família, com exceção de James Coughlin (Jeremy Renner), seu parceiro de roubos. Durante um assalto, eles fazem a jovem Claire Keesey (Rebecca Hall) de refém e na sequência, Doug termina se envolvendo com ela. *Atração Perigosa*, "tradução" genérica nacional para *The Town*, algo como "A Cidade", consegue transitar por diferentes gêneros misturando ação, romance, suspense e policial. Ponto para Affleck, que até atua bem quando se autodirige.

O TESOURO DE SIERRA MADRE

THE TREASURE OF SIERRA MADRE

EUA 1948

Direção: John Huston

Elenco: Humphrey Bogart, Walter Huston, Tim Holt, Bruce Bennett, Barton MacLane, Alfonso Bedoya, Arturo Soto Rangel e Manuel Donde. Duração: 126 minutos. Distribuição: Warner.

John Huston tinha estreado como diretor de longas em 1941, com o clássico *Relíquia Macabra* (ou *Falcão Maltês*, dependendo da tradução). Depois disso, realizou alguns documentários e somente em 1948 retomou a direção de filmes de ficção com este *O Tesouro de Sierra Madre*. Baseado no livro de Berwick Traven, adaptado pelo próprio Huston, a trama tem a cobiça como palavra-chave. Tudo gira em torno de uma caça ao tesouro. No entanto, isso é apenas o que aparece mais obviamente. Ao longo do filme, percebemos que estamos diante de um grande conflito que se estabelece entre três amigos. No início, há muita camaradagem entre eles. Aos poucos, valores morais começam a ser discutidos e as coisas tomam um rumo completamente diferente e imprevisível. Dobbs (Humphrey Bogart), Howard (Walter Huston, pai do diretor) e Curtin (Tim Holt) vivem o trio de exploradores e é em torno deles que se instala a avareza, a desconfiança, a cobiça. Huston conduz seu filme como um veterano, apesar de ainda estar praticamente em início de carreira. Sua direção e seu roteiro são precisos, seguros e carregados de um fina ironia somente vista nos trabalhos de grandes mestres da narrativa. Não foi por acaso que ele ganhou os Oscar nestas duas categorias. O outro prêmio que o filme levou foi o de melhor ator coadjuvante, para Walter Huston. Pai e filho premiados na mesma cerimônia. Um caso único na história do Oscar.

UM DOCE OLHAR

BAL

TURQUIA/ALEMANHA 2010

Direção: Semih Kaplanoglu

Elenco: Bora Altas, Erdal Besikçioglu, Özkan Akcay, Alev Uçarer e Ayse Altay. Duração: 110 minutos. Distribuição: Paris Filmes.

O cinema turco é pouco conhecido no mundo e Semih Kaplanoglu é um dos seus mais destacados diretores. *Um Doce Olhar*, de 2010, que no original se chama simplesmente *Bal* (mel) é seu quinto filme e fecha a trilogia iniciada em 2007 com *Süt* (Leite) e *Yumurta* (Ovo), de 2008, ambos inéditos no Brasil. O roteiro, escrito por Kaplanoglu e Orçun Köksal, conta a história de Yakup (Erdal Besikçioglu), um apicultor que guarda suas colméias no topo das maiores árvores de uma floresta banhada pelo Mar Negro. Seu filho de seis anos, Yusuf (Bora Altas), o ajuda nas horas vagas. Certo dia, Yakup vai embora. As abelhas estão sumindo e ele sai em busca do motivo. Yusuf está aprendendo a ler e a escrever e não faz idéia que está prestes a viver sua maior aventura. A câmara de Kaplanoglu não tem pressa. Ela é contemplativa. Com seus movimentos lentos e suaves vamos acompanhando a jornada do garoto em uma história simples e sem grandes surpresas e reviravoltas. E talvez por isso mesmo ela seja bastante envolvente. Egresso da publicidade, Kaplanoglu sabe bem como utilizar as imagens para conduzir sua trama e o faz com uma naturalidade estonteante. *Um Doce Olhar* ganhou, em 2010, o Urso de Ouro do Festival de Berlim.

TUDO SOBRE MINHA MÃE
– TODO SOBRE MI MADRE –
ESPANHA 1999

Direção: Pedro Almodóvar

Elenco: Cecilia Roth, Marisa Paredes, Penelope Cruz, Candela Peña, Antonia San Juan, Toni Cantó e Eloy Azorin. Duração: 101 minutos. Distribuição: Fox.

Misture *Um Bonde Chamado Desejo* com *A Malvada*. Utilize um pouco de metalinguagem e cite as duas obras constantemente. Acrescente a isso transplantes cardíacos e bastidores de uma produção teatral. Não esqueça também de incluir alguns relacionamentos, pessoais e familiares, além da busca de um pai. Concentre sua ação em duas cidades bem distintas: Madri e Barcelona. Carregue nas tintas, principalmente o vermelho. Como tempero final, adicione travestis e um pouco de Agrado. Parece coisa demais para um filme de pouco mais de 100 minutos. Mas não se trata de um filme qualquer e muito menos seu roteirista e diretor é um artista qualquer. *Tudo Sobre Minha Mãe* é um filme do cineasta espanhol Pedro Almodóvar. E isso faz toda a diferença. Na trama, Esteban (Eloy Azorin) completa 17 anos e para comemorar, sua mãe, Manuela (Cecília Roth), o leva ao teatro para assistir a *Um Bonde Chamado Desejo*. Ela diz ao filho que foi atriz quando mais jovem e que conheceu o pai dele em uma montagem daquela peça. A partir daí, uma série de eventos move a ação por caminhos cada vez mais inesperados e fascinantes. *Tudo Sobre Minha Mãe* poderia também se chamar, sem problema algum, Tudo Sobre Meu Pai. Mas Almodóvar "brinca" aqui com o título original de *A Malvada*, que é *All About Eve,* ou seja, Tudo Sobre Eva. Simbolicamente, a primeira mulher e mãe. Vencedor de 48 prêmios internacionais, entre eles, o Oscar de melhor filme estrangeiro, *Tudo Sobre Minha Mãe* é considerada a obra máxima de Pedro Almodóvar.

A FALECIDA

BRASIL 1965

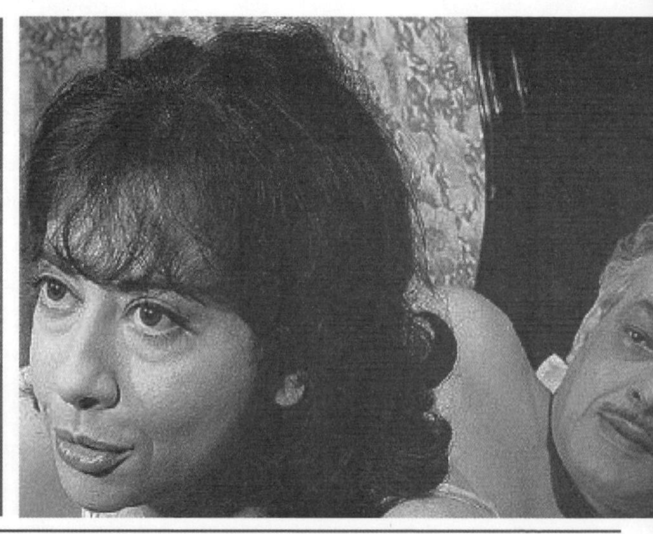

Direção: Leon Hirszman

Elenco: Fernanda Montenegro, Paulo Gracindo, Ivan Cândido, Nelson Xavier, Dinorah Brillanti, Lucy Costa, Lurdes Freitas, Vanda Lacerda, Glória Ladany e Billy Davis. Duração: 96 minutos. Distribuição: VideoFilmes.

Primeiro veio a peça de teatro, escrita por Nelson Rodrigues e encenada em 1953. Depois veio o filme, mais exatamente 12 anos depois, em 1965. O Brasil não era mais o mesmo. O cinema brasileiro também não era mais o mesmo. O golpe militar tinha completado um ano. O Cinema Novo se firmava cada vez mais nos filmes socialmente politizados de Nelson Pereira dos Santos e Glauber Rocha. A escolha do estreante Leon Hirszman por adaptar uma obra de Nelson Rodrigues pareceu para alguns cineastas do movimento uma atitude reacionária. Hirszman, que escreveu o roteiro em parceria com o Eduardo Coutinho, não se deixou abater pelas pressões que sofreu. Nesse primeiro trabalho como diretor de um longa-metragem ele já deixou clara sua opção humanista. *A Falecida* conta a história de Zulmira (Fernanda Montenegro), uma mulher pobre do subúrbio que sonha com um funeral de luxo. Esse filme marcou também a estreia no cinema da atriz que mais tarde seria aclamada como a "grande dama do teatro brasileiro". Enquanto na peça Zulmira é mostrada como uma "alucinada", Hirszman optou por tratar a personagem como uma "alienada". A precisa interpretação de Fernanda Montenegro dá uma dimensão maior ainda para o drama de uma mulher que procura no planejamento da morte uma maneira de superar o vazio existencial que tem sido sua vida. O filme foi um fracasso nas bilheterias, no entanto, o tempo se encarregou de dar a ele a importância histórica devida. Belissimamente fotografado em preto e branco por José Medeiros e com trilha sonora composta por Radamés Gnatalli, *A Falecida* é um marco do cinema brasileiro. Prova de que nem sempre as "cabeças pensantes" do Cinema Novo tinham razão.

VIOLENTO E PROFANO

NIL BY MOUTH

INGLATERRA 1997

Direção: Gary Oldman

Elenco: Ray Winstone, Edna Dore, Kathy Burke, Laila Morse, Jamie Foreman e Charlie Creed-Miles. Duração: 128 minutos. Distribuição: Lume Filmes.

Único filme dirigido pelo ator inglês Gary Oldman, *Violento e Profano*, também escrito por ele, se baseia em experiências que ele vivenciou e/ou observou quando era jovem e morava com sua família na região sul de Londres. Filho de operários, Oldman cresceu em um ambiente cercado de drogas e álcool e seu filme mostra esse universo sem enfeites. No centro da trama, Raymond (Ray Winstone, em desempenho soberbo), um trabalhador alcoólatra e viciado em drogas, que leva uma vida sem perspectivas. Ele vive em uma pequena casa de um bairro pobre da periferia de Londres com sua esposa Valerie (Kathy Burke), que está grávida. Com eles vive Billy (Charlie Creed-Miles), cunhado de Raymond e também viciado em drogas. Os dois passam as noites pelos bares de strip-tease da região. Oldman mostra suas personagens sob uma pressão constante. Há momentos no filme em que eles parecem não ter mais nem ar para respirar. Tenso e carregado de um realismo impactante, *Violento e Profano*, revela um diretor-roteirista maduro e em pleno domínio de seu ofício, algo raro em trabalhos de estreia. Uma curiosidade: o título original, *Nil by Mouth*, pode ser traduzido de duas maneiras: 1) é um termo que consta de alguns medicamentos que “não podem ser ingeridos por via oral” ou 2) significa simplesmente “em jejum”.

MESTRE DOS MARES: O LADO MAIS DISTANTE DO MUNDO

MASTER AND COMMANDER: THE FAR SIDE OF THE WORLD

EUA 2003

Direção: Peter Weir

Elenco: Russell Crowe, Paul Bettany, Billy Boyd, James D'Arcy, Lee Ingleby e George Innes. Duração: 138 minutos. Distribuição: Universal.

Entre 1998 e 2010, o cineasta australiano Peter Weir dirigiu apenas dois filmes. Um deles foi este *Mestre dos Mares – O Lado Mais Distante do Mundo*, de 2003. Weir não é um diretor afeito a modismos. Sua carreira comprova isso. Quando foi anunciado que ele adaptaria o primeiro de uma série de livros do escritor inglês Patrick O'Brian, especialista em romances históricos sobre aventuras marítimas no século XIX, a expectativa era a de que teríamos um grande filme de ação. *Mestre dos Mares* é um grande filme. No entanto, o foco maior está nas personagens, principalmente no Capitão Jack Aubrey (Russell Crowe), comandante do navio HMS Surprise e seu médico de bordo, o doutor Stephen Maturin (Paul Bettany). A história acontece durante as guerras napoleônicas. O navio de Aubrey, da Marinha Britânica, é atacado por uma embarcação inimiga, o francês Acheron, próximo à costa brasileira. Seriamente danificado e com muitos feridos, tem início então uma longa e incansável cruzada pelos oceanos empreendida pelo Surprise para interceptar e capturar o navio que o atacou. Weir é um diretor de sutilezas. Existem batalhas e perseguições em *Mestre dos Mares*, porém, não é isso o que importa. Não é isso o que move a ação. No centro de tudo estão homens que passam no mar muito mais tempo do que em terra firme. O filme acompanha em detalhes a rotina no navio e nos mostra as motivações dos marinheiros, do médico e de seu comandante. É com seus dramas que nos identificamos e é por eles que torcemos, da primeira à última cena.

FARGO

FARGO

EUA 1996

Direção: Joel Coen

Elenco: Frances McDormand, Steve Buscemi, William H. Macy, Peter Stormare, Harve Presnell, Kristin Rudrüd, Larry Brandenburg e John Carroll Lynch. Duração: 98 minutos. Distribuição: Fox.

Yah! Antes que alguém pergunte, a cidade de Fargo existe mesmo e fica no estado da Dakota do Norte, nos Estados Unidos. Já o filme *Fargo* é mais um dos trabalhos dos irmãos Joel e Ethan Coen. Na época, anos 1990, eles escreviam juntos o roteiro, Ethan assinava a produção e Joel a direção dos filmes da dupla. A trama, inspirada em fatos, gira em torno de um vendedor de carros, Jerry (William H. Macy). Ele vive em uma pequena cidade do interior de Minnesota e está cheio de dívidas. Uma vez que seu sogro Wade (Harve Presnell) tem muito dinheiro, ele bola um plano aparentemente simples: contrata dois bandidos, Carl (Steve Buscemi) e Gaear (Peter Stormare) para sequestrar sua esposa, Jean (Kristin Rudrüd), para assim pedir um resgate. Bem, coisas simples podem ficar complicadas e é justamente isso o que acontece. Surge então a policial Marge (Frances McDormand), uma investigadora esperta, bem-humorada, determinada, viciada em café e que está no oitavo mês de gravidez. *Fargo* não é um filme fácil de definir. Os irmãos Coen misturam alguns gêneros. Tem drama, suspense, comédia (com um humor nigérrimo) e até uma pitadinha de terror. A partir de um roteiro impecável e que "brinca" o tempo todo com as expressões e o jeito peculiar de falar do interior americano, aliado a um elenco em estado de graça e uma direção inspirada, não tem como errar. Apesar de retratar um universo bem particular, o filme tem elementos e situações que são universais. *Fargo* recebeu sete indicações ao Oscar e ganhou duas: melhor atriz (Frances McDormand) e roteiro original (para os Coen).

AGUIRRE, A CÓLERA DOS DEUSES

AGUIRRE, DER ZORN GOTTES

ALEMANHA 1972

Direção: Werner Herzog

Elenco: Klaus Kinski, Helena Rojo, Ruy Guerra, Del Negro, Peter Berling, Cecilia Rivera, Daniel Ades e Alejandro Repullés. Duração: 100 minutos. Distribuição: Versátil.

Dos cinco filmes que o diretor alemão Werner Herzog fez com o ator Klaus Kinski, *Aguirre, a Cólera dos Deuses* foi o primeiro. Estamos aqui em meados do século XVI, no Peru. O conquistador espanhol Gonzalo Pizarro (Alejandro Repullés) lidera uma expedição em busca de Eldorado, a lendária cidade de ouro. Um de seus homens, Dom Lope de Aguirre (Klaus Kinski), totalmente consumido pela loucura, sonha conquistar toda a América do Sul. Com roteiro escrito pelo próprio Herzog, *Aguirre* é um filme de guerra por assim dizer, no entanto, a "guerra" quase não aparece. Ou melhor, ela não aparece naquele formato padrão de combate e ação. Herzog não é um diretor afeito a modelos prontos. Seu cinema carrega uma característica de profunda personalidade. São intensos, quase documentais e muitas vezes contemplativos. A guerra que é mostrada em *Aguirre* está mais no interior daqueles homens, que lutam por algo que é racionalmente insano e sem sentido. Na maioria das vezes, o "inimigo", se é que podemos chamar assim, é a natureza, tema recorrente na filmografia do diretor. Herzog e Kinski, amigos desde a juventude, iniciam aqui uma parceria exemplar. A fúria natural de Kinski casou perfeitamente com a visão de mundo de Herzog e rendeu grandes obras.

LAURA

LAURA

EUA 1944

Direção: Otto Preminger

Elenco: Gene Tierney, Clifton Webb, Dana Andrews, Vincent Price, Clyde Fillmore, Dorothy Adams, Grant Mitchell, James Flavin, Judith Anderson e Ralph Dunn. Duração: 87 minutos. Distribuição: Fox.

O cineasta austríaco de origem judia Otto Preminger se exilou nos Estados Unidos em meados dos anos 1930 por conta da ascensão do nazismo na Europa. Famoso por sua versatilidade e pelos temas polêmicos que costumava abordar em seus filmes, Preminger também atuava e, ironicamente, por conta de seu forte sotaque, fez muitos papéis de nazista em Hollywood. *Laura*, que ele produziu e dirigiu em 1944, não só é considerada sua obra-prima como também é um dos maiores exemplos do cinema *noir* feito na década de 1940. Com roteiro de Jay Dratler, Samuel Hoffenstein, Betty Reinhardt e Ring Lardner Jr, escrito a partir do livro de Vera Caspary, trata-se de uma trama de mistério cheia de reviravoltas. O detetive Mark McPherson (Dana Andrews) investiga a morte de Laura Hunt (Gene Tierney), uma bela e sedutora mulher que foi assassinada pouco antes de seu casamento com Shelby Carpenter (Vincent Price). O filme começa com o detetive colhendo o depoimento de Waldo Lydecker (Clifton Webb). Todos eram fascinados por Laura e todos são suspeitos. Preminger conduz sua trama com elegância e vai estruturando a narrativa em flashbacks e relatos das pessoas que conviviam com a vítima. Aos poucos, Mark, e nós também, acabamos seduzidos por ela. Originalmente, o filme seria dirigido por Rouben Mamoulian, com Preminger atuando apenas como produtor. No entanto, o resultado inicial não agradou e Preminger acumulou a direção e fez alguns ajustes no roteiro. Indicado a cinco Oscar, *Laura* ganhou apenas um, pela belíssima fotografia em preto-e-branco de Joseph LaShelle.

OS BONS COMPANHEIROS
GOODFELLAS
EUA 1990

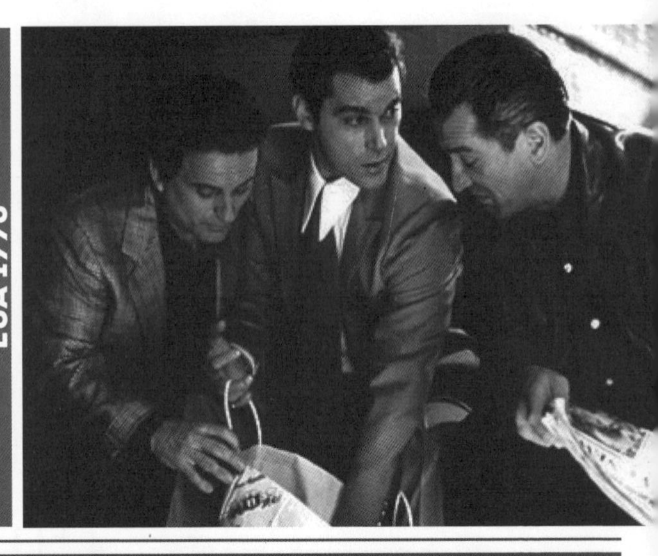

Direção: Martin Scorsese

Elenco: Robert De Niro, Ray Liotta, Joe Pesci, Lorraine Bracco, Paul Sorvino, Frank Sivero, Tony Darrow, Mike Starr, Frank Vincent e Chuck Low. Duração: 146 minutos. Distribuição: Warner.

"Até onde eu consigo lembrar, eu sempre quis ser um gangster". Essa frase de Henry Hill (Ray Liotta), abre *Os Bons Companheiros*, de Martin Scorsese. E sintetiza perfeitamente a essência do filme. Trata-se de uma história real, que deu origem a um livro, escrito por Nicholas Pileggi, que por sua vez virou um roteiro de cinema, adaptado pelo próprio autor junto com Scorsese. A trama tem início ainda nos anos 1950 e mostra o jovem Hill começando a trabalhar para a máfia. Ele se torna grande amigo de James Conway (Robert De Niro) e de Tommy DeVito (Joe Pesci). Acompanhamos a rotina dos três e a ascensão de Hill dentro da organização. Scorsese sabe onde está "pisando". Ele disse, repetidas vezes, que quando era criança e morava no bairro de Little Italy, em Nova York, existiam apenas duas possibilidades de futuro: se tornar um mafioso ou um padre. Felizmente, ele encontrou uma terceira alternativa: se tornou cineasta. O lançamento de *Os Bons Companheiros* coincidiu com o de *O Poderoso Chefão – Parte III*, de Francis Ford Coppola. Claro que muitas comparações foram feitas. Na prática, uma grande perda de tempo. Apesar deles terem a máfia como tema, as abordagens são bem distintas. Enquanto a família Corleone segue uma linha mais "idealizada" e "romântica", os mafiosos de Scorsese estão mais próximos do nosso cotidiano. No entanto, algo os aproximou naquele ano de 1990. Os dois filmes não tiveram uma boa acolhida. Nem do público, nem da crítica. Outra perda de tempo. Ambos são ótimos. *Os Bons Companheiros* teve seus méritos e sua grandiosidade reconhecidos pouco tempo depois. Com sua narração em off e estrutura não-linear, Scorsese conduz sua trama de maneira seca, direta, sem enrolações. Seu filme é violento, cru e visceral. Preste atenção em dois momentos: 1) quando Tommy conta uma piada no bar e Henry diz que ele é engraçado (*funny how?*); e 2) quando Henry leva sua namorada, Karen (Lorraine Bracco) até o Copacabana (um belo plano-sequência com a parte instrumental de *Layla*, de Eric Clapton, tocando ao fundo). *Os Bons Companheiros* recebeu seis indicações ao Oscar e ganhou apenas a de ator coadjuvante para Joe Pesci.

FEIOS, SUJOS E MALVADOS

BRUTTI, SPORCHI E CATTIVI

ITÁLIA 1976

Direção: Ettore Scola

Elenco: Nino Manfredi, Maria Luisa Santella, Francesco Anniballi, Maria Bosco, Giselda Castrini, Alfredo D'Ippolito e Giancarlo Fanelli. Duração: 115 minutos. Distribuição: Versátil.

Ettore Scola é um dos maiores cineastas italianos de todos os tempos. E olha que a concorrência na Itália é feroz. Seu cinema consegue ser ao mesmo tempo humano, contestador, nostálgico, corrosivo, clássico, engraçado e violento. Sua fonte principal é o Neorrealismo. E seu amor pela sétima arte é explícito em todos os fotogramas de sua obra. *Feios, Sujos e Malvados* é um de seus filmes mais populares. Aqui, a partir de um roteiro escrito por ele em parceria com Sergio Citti e Ruggero Maccari, acompanhamos a vida de Giacinto (Nino Manfredi), que mora com a mulher, dez filhos e um monte de parentes em uma favela de Roma. Ele tem um dinheiro guardado que ganhou do seguro, após perder um olho no trabalho. Isso atiça a ganância dos "familiares". As coisas pioram ainda mais quando ele traz sua amante para dentro de casa. É a gota d'água que faltava. Scola explora bem o humor neste filme. Mas, seu humor é ácido ao extremo. Existe uma forte crítica social em *Feios, Sujos e Malvados* e ela não poupa ninguém. O diretor mostra a vida dos favelados de maneira bem realista. Não há maquiagem alguma. Giacinto é grosseiro, beberrão, irresponsável e muito mais. Em um contexto "normal" ele seria um ser humano deplorável. A atuação de Manfredi faz da personagem uma figura carismática e Scola explora bem o talento de seu ator principal. Com boas reviravoltas e um roteiro recheado de diálogos inspiradíssimos, *Feios, Sujos e Malvados* é uma boa surpresa para quem quer fugir de lugares comuns. O filme ganhou o prêmio de direção no Festival de Cannes de 1976.

OS IMPLACÁVEIS [1972]

THE GETAWAY

EUA 1972

Direção: Sam Peckinpah

Elenco: Steve McQueen, Ali MacGraw, Ben Johnson, Sally Struthers, Al Lettieri, Slim Pickens, Richard Bright, Bo Hopkins e Dub Taylor. Duração: 123 minutos. Distribuição: Warner.

O americano Sam Peckinpah era um diretor versátil. Sua filmografia inclui diferentes gêneros. No entanto, existe um elemento presente em todos eles: a violência. E nesse quesito, ele era Mestre. Com roteiro de Walter Hill, baseado no livro homônimo de Jim Thompson, *Os Implacáveis* tem à frente do elenco uma dupla de atores em ascensão. Steve McQueen desfrutava de grande popularidade por conta de *Bullitt*. Ali MacGraw vinha do estrondoso sucesso de *Love Story*. Originalmente, o filme seria dirigido por Peter Bogdanovich e estrelado por Cybill Shephard. Quando os produtores contrataram MacGraw, Bogdanovich, que era casado com Shephard, abandonou o projeto. Peckinpah assumiu o posto e imprimiu sua marca. A trama gira em torno de Doc McCoy (McQueen), que está preso há quatro anos. Com muita ousadia e a ajuda de sua mulher Carol (MacGraw), ele elabora um plano de fuga aparentemente simples: McCoy pede que ela faça um acordo com Beynon (Ben Johnson), um político corrupto. O acordo consiste na libertação de McCoy. Em troca, ele assaltará um banco e dividirá o dinheiro. Claro que as coisas não acontecem como planejadas e isso torna *Os Implacáveis* o que ele verdadeiramente é: um grande filme de ação. Tudo conspirou a favor: um roteiro bem escrito, uma direção precisa, uma montagem ágil, uma trilha sonora perfeita e os atores certos. Duas curiosidades: 1) McQueen e MacGraw se apaixonaram durante as filmagens; 2) Essa mesma história foi refilmada em 1994, com o título de *A Fuga*, tendo Alec Baldwin e Kim Basinger nos papéis principais.

HIROSHIMA MEU AMOR

-HIROSHIMA MON AMOUR-

FRANÇA/JAPÃO 1959

Direção: Alain Resnais

Elenco: Emmanuelle Riva, Eiji Okada, Pierre Barbaud e Bernard Fresson. Duração: 90 minutos. Distribuição: Versátil.

O francês Alain Resnais é reconhecido mundialmente como o "cineasta da ficção-poética". Ele, que começou a carreira em meados dos anos 1940 dirigindo curtas e documentários, estreou em longas com este *Hiroshima Meu Amor*, em 1959. O projeto original era para um documentário sobre a bomba atômica lançada sobre a cidade japonesa. No meio do caminho, Resnais decidiu incluir elementos ficcionais escritos por Marguerite Duras, a partir de suas próprias crônicas. Na trama, que se passa no ano de 1957, uma atriz francesa (Emmanuelle Riva) está em Hiroshima participando de um filme sobre a paz. Ela então conhece um arquiteto japonês (Eiji Okada), com quem passa a noite. Tudo isso a faz lembrar de sua juventude no interior da França, durante a Segunda Guerra Mundial, período em que foi perseguida e se apaixonou por um soldado alemão (Bernard Fresson). Considerado, ao lado de *Os Incompreendidos*, de François Truffaut, e *Acossado*, de Jean-Luc Godard, um dos marcos da *Nouvelle Vague*, temos aqui uma obra que, inicialmente parece de difícil compreensão. Resnais realmente não "pega leve". Suas imagens são belas e impactantes, reforçadas ainda mais pelos tons de cinza imprimidos pelo fotógrafo Sacha Vierny. A narrativa fragmentada e seus fortes simbolismos transformam poesia em imagens e fazem de *Hiroshima Meu Amor* um dos mais importantes e influentes libelos antiguerra da história do cinema.

O ÚLTIMO METRÔ

LE DERNIER MÉTRO

FRANÇA 1980

Direção: François Truffaut

Elenco: Catherine Deneuve, Gérard Depardieu, Jean Poiret, Heinz Bennent, Andréa Ferréol, Paulette Dubost, Jean-Louis Richard e Sabine Haudepin. Duração: 130 minutos. Distribuição: Versátil.

A França tem uma relação mal resolvida com o nazismo e com a Segunda Guerra Mundial. Existem boas dezenas de filme que abordam o período da ocupação. François Truffaut, um dos maiores cineastas franceses de todos os tempos, não poderia se esquivar do tema. Porém, a maneira como ele trata do assunto foge do convencional. E não seria diferente. Truffaut, também autor do roteiro, ao lado de Suzanne Schiffman e Jean-Claude Grumberg, visita a Paris de 1942 com seu olhar único. Em *O Último Metrô*, o judeu Lucas Steiner (Heinz Bennent) possui um teatro e é obrigado a fugir do país para não ser capturado pelos nazistas. Sua mulher, Marion (Catherine Deneuve), que é atriz, passa a dirigir também o teatro e, para mantê-lo "vivo", monta uma nova peça e contrata o ator Bernard Granger (Gérard Depardieu) para o papel principal. Truffaut faz uso novamente da metalinguagem, o mesmo artifício que havia utilizado em *A Noite Americana*. A diferença é que o foco agora é o teatro e não o cinema. Há um jogo de esconde-esconde que funciona muito bem e o diretor tira todo o proveito do cenário. Como todo filme de Truffaut, o amor tem papel fundamental. É isso que importa. O resto, é mero pano de fundo.

O MENSAGEIRO DO DIABO

THE NIGHT OF THE HUNTER

EUA 1955

Direção: Charles Laughton

Elenco: Robert Mitchum, Shelley Winters, Lillian Gish, James Gleason, Evelyn Varden, Peter Graves, Billy Chapin e Sally Jane Bruce. Duração: 93 minutos. Distribuição: Versátil.

Único filme dirigido pelo ator inglês Charles Laughton, *O Mensageiro do Diabo*, mesmo passado tanto tempo de sua realização, continua impactante e carregado de originalidade. Baseado no livro de Davis Grubb, o roteiro foi escrito por James Agee e teve revisão feita pelo próprio diretor. A história em si, é bem simples. Ben Harper (Peter Graves, que anos depois ficaria famoso pelo seriado *Missão: Impossível*) comete um latrocínio, é preso e condenado à morte. Na prisão, ele conhece o falso pastor Harry Powell (Robert Mitchum), um psicopata que tem as palavras "amor" e "ódio" tatuadas nos dedos. Ben revela ter escondido os dez mil dólares do roubo em sua casa. Harry, quando é colocado em liberdade, se aproxima da viúva, Willa (Shelley Winters) e se casa com ela. A intenção é encontrar o dinheiro, que apenas os filhos de Harry sabem onde foi guardado. A direção de Laughton é elegante, criativa e, em alguns momentos, soberbamente assustadora e poética ao mesmo tempo. O filme não foi bem recebido pela crítica e pelo público na época de seu lançamento. Provavelmente por estar bem adiante de seu tempo. E o tempo serviu para reavaliá-lo e colocá-lo em seu devido lugar, ou seja, como um dos grandes clássicos do cinema nos anos 1950. *O Mensageiro do Diabo* ainda resgata uma das maiores atrizes do cinema mudo e musa do diretor D. W. Griffith, a estupenda Lillian Gish, no papel da senhora Rachel Cooper.

SEDE DE SANGUE

BAKJWI

CORÉIA DO SUL 2009

Direção: Chan-wook Park

Elenco: Kang-ho Song, Ok-bin Kim, Hae-suk Kim, Ha-kyun Shin, In-hwan Park, Hwa-ryong Lee e Dal-su Oh. Duração: 133 minutos. Distribuição: Paris Filmes.

Depois do sucesso mundial da trilogia da vingança (*Mr. Vingança*, *Oldboy* e *Lady Vingança*), o diretor Chan-woo Park resolveu explorar outros temas. *Sede de Sangue*, que ele escreveu inspirado por um livro de Émile Zola, é um filme de vampiro. Na trama, o padre Sang-Hyum (Kang-ho Song) defende a vida com todas as suas forças. Isso faz com que ele se torne voluntário em um projeto secreto que visa salvar vidas utilizando um vírus letal. As coisas fogem do controle e ele termina morrendo infectado pelo vírus. Após receber uma transfusão de um sangue de origem desconhecida, ele, como por milagre, acorda. O sangue que ele recebeu é de vampiro e agora ele vive um dilema que coloca sua fé em xeque: matar ou salvar? Park conta muitas histórias em uma. O filme "passeia" por diferentes gêneros ao longo de sua duração. O cineasta, a exemplo do que já havia feito em sua famosa trilogia, não perde o ritmo e nos presenteia com uma história cheia de originalidade. Filme com padre vampiro não é algo novo na história do cinema. Porém, a partir deste *Sede de Sangue* um novo parâmetro ficou estabelecido. E, pode acreditar, vai ser difícil superá-lo.

GATA EM TETO DE ZINCO QUENTE

— CAT ON A HOT TIN ROOF —

EUA 1958

Direção: Richard Brooks

Elenco: Elizabeth Taylor, Paul Newman, Burl Ives, Jack Carson, Judith Anderson, Madeleine Sherwood, Larry Gates e Vaughn Taylor. Duração: 108 minutos. Distribuição: Warner.

Richard Brooks, cineasta americano de origem russa, teve uma longa experiência como roteirista e escritor antes de estrear na direção de filmes. *Gata em Teto de Zinco Quente* é um de seus trabalhos mais conhecidos. Baseado na peça homônima de Tennessee Williams, o roteiro foi escrito por Brooks, em parceria com James Poe. A história gira em torno de Brick (Paul Newman) e de sua bela esposa Maggie (Elizabeth Taylor). Ele é um ex-jogador de futebol americano que se tornou alcoólatra e culpa a mulher por ter sido responsável por um incidente que fez seu melhor amigo abandonar a carreira. Harvey (Burl Ives), pai de Brick e com quem ele não se dá muito bem, está com câncer e no dia de seu aniversário muita "roupa suja" é lavada pela família. Brooks mantém intactos os afiados diálogos da peça de Williams e conta ainda com um elenco excepcional. Uma curiosidade: o filme inicialmente seria rodado em preto e branco, porém, quando os nomes de Paul Newman e Elizabeth Taylor foram confirmados, Brooks optou por filmar em cores para destacar os olhos azuis (dele) e violetas (dela), marcas registradas da dupla principal. Apesar de ter recebido seis indicações ao Oscar, o filme não ganhou nenhuma.

O FRANCO-ATIRADOR [1978]

THE DEER HUNTER

EUA 1978

Direção: Michael Cimino

Elenco: Robert De Niro, John Cazale, John Savage, Christopher Walken, Meryl Streep, George Dzundza, Chuck Aspegren, Shirley Stoler e Rutanya Alda. Duração: 183 minutos. Distribuição: Universal.

O cineasta Michael Cimino subiu ao céu e desceu ao inferno no intervalo de dois anos. A vitória de cinco Oscar por seu segundo filme, *O Franco-Atirador*, de 1978, o transformou no "queridinho" de Hollywood. Quando lançou seu terceiro filme, *O Portal do Paraíso*, em 1980, foi acusado de ser o responsável pela falência de um estúdio, a United Artists, e caiu em desgraça. Cimino pertence à mesma geração de Coppola, Scorsese e De Palma, e é tão talentoso quanto eles. *O Franco-Atirador* foi o primeiro filme americano a tocar na ferida da guerra do Vietnã. Acompanhamos aqui a história de três amigos: Michael (Robert De Niro), Steven (John Savage) e Nick (Christopher Walken). Eles trabalham em uma siderúrgica de uma pequena cidade do interior dos Estados Unidos e são convocados para lutar do outro lado do mundo. A experiência se revela transformadora e traumática para o trio e Cimino, também um dos autores do roteiro, não carrega nas cores patrióticas. Trata-se de um filme que lida com a quebra dos laços de amizade e com a perda da inocência. As personagens são apresentadas em seu ambiente natural e fica claro o forte companheirismo que eles têm. O grupo costuma se reunir nos finais de semana para caçar veados nas montanhas da região, daí o título original, *The Deer Hunter*. A guerra muda tudo e aquela alegria e esperança iniciais se transformam em desespero e amargura. O ponto mais dramático do filme é quando os soldados, capturados pelo inimigo, são obrigados a "jogar" roleta russa. Duas curiosidades: foi o segundo filme da atriz Meryl Streep (Linda) e o último do ator John Cazale (Stan), que morreu de câncer poucos dias depois das filmagens. *O Franco-Atirador* foi indicado a nove Oscar em 1979. Ganhou em cinco categorias: filme, diretor, ator coadjuvante (Christopher Walken), montagem e som.

MARIA ANTONIETA

— MARIE ANTOINETTE —

EUA/FRANÇA/JAPÃO 2006

Direção: Sofia Coppola

Elenco: Kirsten Dunst, Jason Schwartzman, Judy Davis, Rip Torn, Rose Byrne, Asia Argento, Molly Shannon, Danny Huston e Marianne Faithfull. Duração: 123 minutos. Distribuição: Sony.

Se existe uma palavra que pode resumir a filmografia da cineasta Sofia Coppola, esta palavra é "deslocamento". Tema recorrente em toda sua obra, não foi por outra razão que Sofia escolheu a figura de Maria Antonieta, uma jovem princesa austríaca de apenas 14 anos, que viaja à Paris para se casar com o também jovem príncipe Luís XVI. *Maria Antonieta*, o filme, começa justamente nesse ponto e mostra as dificuldades enfrentadas por ela na corte francesa. O casamento arranjado, rígidas normas de conduta, a inexperiência total do marido e as rebeliões populares. Tudo conspira contra Maria Antonieta, interpretada por Kirsten Dunst. No papel de Luís XVI, Jason Schwartzman, primo da diretora na vida real. Sofia leva este sentimento de descolamento ao extremo. Seja na trilha sonora com músicas pops modernas ou em algumas peças de vestuário, como um tênis all star, por exemplo. Cada vez mais isolada em uma corte repleta de escândalos, só lhe resta desafiar todos os que a rodeiam. Sofia mostra Maria Antonieta como uma estrela do rock e evita fórmulas consolidadas para contar sua história. Em muitos momentos, o filme é brilhante. Em alguns outros, nem tanto. Porém, percebemos que existe uma mente pensante por trás de tudo. Muitas ideias são apresentadas e não precisamos concordar com todas elas. *Maria Antonieta* é aquele tipo de filme que nos faz falar sobre ele depois que sobem os créditos finais. E isso é bom.

ONDE OS FRACOS NÃO TÊM VEZ

NO COUNTRY FOR OLD MEN

EUA 2007

Direção: Ethan e Joel Coen

Elenco: Tommy Lee Jones, Javier Bardem, Josh Brolin, Woody Harrelson, Kelly MacDonald, Garret Dillahunt, Tess Harper e Barry Corbin. Duração: 122 minutos. Distribuição: Paramount.

Não se deixe enganar. Apesar de sua trama se passar em tempos recentes, *Onde os Fracos Não Têm Vez* é um típico faroeste. E dos bons. O triângulo clássico do gênero se faz presente: temos o xerife (Tommy Lee Jones), o matador (Javier Bardem) e o "esperto" (Josh Brolin). Dirigido pelos irmãos Ethan e Joel Coen, o roteiro, também escrito por eles, é baseado no livro de mesmo nome do escritor Cormac McCarthy. Tudo começa quando Llewelyn Moss (Brolin) se depara com uma sangrenta cena de crime. Muitos corpos mortos, uma caminhonete cheia de heroína, além de uma bolsa com dois milhões de dólares. Llewelyn pega o dinheiro e isso provoca uma violenta reação em cadeia a partir da aparição do misterioso Anton Chigurh (Bardem), um assassino profissional que usa como arma um tubo de oxigênio. O xerife Ed Tom Bell (Jones), assume o caso e segue seu rastro de violência. Ele faz parte de um tempo que não existe mais. Um tempo em que um homem da lei era temido e respeitado pelo simples fato de ter uma estrela no peito. O mundo de hoje não tem mais espaço para homens velhos como ele, daí o título original do filme. Com diálogos muito bem escritos, cortesia do texto original de McCarthy e que foram mantidos na íntegra pelos Coen, *Onde os Fracos Não Têm Vez* já valeria a pena só pelo roteiro. Mas, felizmente, ele vai além. O trabalho dos irmãos na produção e na direção é primoroso, sem esquecer do elenco espetacular onde todos têm espaço para brilhar. Claro que o brilho fica por conta de Bandem, que transforma sua personagem Anton em um dos mais apavorantes assassinos da História do Cinema. Nos mostra também um dos penteados mais marcantes dos últimos tempos. Indicado a oito Oscar, ganhou: filme, direção, roteiro adaptado e ator coadjuvante (Javier Bardem).

O ANJO EXTERMINADOR

EL ÁNGEL EXTERMINADOR

MÉXICO 1962

Direção: Luis Buñuel

Elenco: Silvia Pinal, Jose Baviera, Augusto Benedico, Luis Beristan, Claudio Brook, Rosa Elena Durgel, Lucy Gallardo e Enrique Rambal. Duração: 93 minutos. Distribuição: Versátil.

O diretor espanhol Luis Buñuel é reconhecido mundialmente como o cineasta do surrealismo. Ele dirigiu seu primeiro filme em 1929, *Um Cão Andaluz*, junto com o pintor Salvador Dalí. Ao longo de sua carreira, Buñuel viveu e trabalhou com cinema em quatro países: Espanha, Estados Unidos, México e França. *O Anjo Exterminador*, de 1962, foi seu último filme da fase mexicana, que durou 12 anos. A premissa do roteiro, escrito pelo diretor, a partir de uma peça de José Bergamin, conta uma história das mais originais. Depois de uma grande festa, um grupo de convidados ricos, por uma razão que nunca é explicada, não consegue sair da casa. O tempo passa, dia após dia, semana após semana, e a situação não melhora. Aos poucos, as máscaras e as convenções começam a cair e revelam a verdadeira natureza de cada um deles. Buñuel nunca teve "papas na língua" e foi sempre fiel a uma visão de mundo bem pessoal. Sua filmografia cheia de provocações e polêmicas atesta isso. Artista influente, é possível perceber sua "marca" nos trabalhos de muitos cineastas, principalmente na obra de Pedro Almodóvar.

LIXO EXTRAORDINÁRIO

WASTE LAND

INGLATERRA/BRASIL 2010

Direção: Lucy Walker, Karen Harley e João Jardim

Documentário. Duração: 99 minutos. Distribuição: Paris Filmes.

Existe um problema, além da violência, que está na pauta de qualquer grande cidade brasileira: o lixo. Cada vez mais, por questões de saúde ou por pressão de comunidades organizadas, trata-se de um tema que gera debate constante. O que fazer com o lixo? Onde depositá-lo? Como reciclá-lo? O artista plástico Vik Muniz, brasileiro radicado em Nova York, desenvolveu um trabalho em um dos maiores aterros sanitários do mundo, o Jardim Gramacho, bairro de Duque de Caxias, região metropolitana do Rio de Janeiro. O documentário *Lixo Extraordinário*, dirigido pela inglesa Lucy Walker e pelos brasileiros Karen Harley e João Jardim, acompanha, no período de dois anos (entre agosto de 2007 e maio de 2009), a rotina de Muniz junto a um grupo de catadores de materiais recicláveis do lixão. A ideia inicial do artista era simplesmente fotografar o dia-a-dia daquelas pessoas. Aos poucos, o contato diário vai estreitando as relações entre o observador e os observados. A partir daí, Muniz, que é reconhecido pelas "releituras" que faz de obras famosas, lança um desafio aos catadores: o de reimaginar a vida deles fora daquele ambiente. Produzido pelo O2 Filmes, de Fernando Meirelles, *Lixo Extraordinário*, que foi indicado ao Oscar de melhor documentário em 2011, nos mostra a transformação que a arte provoca nessa comunidade. Apesar de lidar com um tema aparentemente repulsivo, o filme, muito pelo contrário, tem um astral elevado e provoca uma catarse extremamente positiva de satisfação. Alguns podem até questionar a maneira como o tema é tratado, no entanto, o objetivo dos realizadores era revelar o poder transformador que a arte promove na vida de qualquer pessoa. E isso, o filme faz brilhantemente.

AMANTES

TWO LOVERS

EUA 2008

Direção: James Gray

Elenco: Joaquin Phoenix, Gwyneth Paltrow, Vinessa Shaw, Moni Moshonov, Isabella Rossellini, John Ortiz, Bob Ari, Julie Budd e Elias Koteas. Duração: 110 minutos. Distribuição: PlayArte.

Existem cineastas que estão adiante de seu tempo. Outros que conseguem retratar o momento presente. E tem aqueles que dialogam com o passado. O nova iorquino James Gray pertence ao último grupo. Ele, que queria ser pintor, conheceu o cinema através de diretores como Francis Ford Coppola e Martin Scorsese. Em especial, os filmes realizados por esses diretores nos anos 1970. Isso foi decisivo para que ele largasse a pintura e abraçasse os filmes. A maneira como ele conta histórias é marcada por essa influência. Em *Amantes*, seu quarto trabalho como diretor, acompanhamos a história de Leonard (Joaquin Phoenix), um jovem bipolar, de família judia, que tentou o suicídio após o fim de um noivado. Ainda em fase de recuperação emocional, ele termina por se envolver com duas mulheres simultaneamente: Sandra (Vinessa Shaw), uma linda morena, filha de um amigo de seu pai, e Michelle (Gwyneth Paltrow), uma bela e misteriosa loira que vai morar no apartamento vizinho ao seu. *Amantes* poderia ser mais uma história de triângulo amoroso. Felizmente, o roteiro escrito pelo próprio diretor, junto com Ric Menello, não se deixa levar pelos clichês do gênero. Além disso, a direção segura de Gray e o trio principal de atores transformam o filme em uma grata surpresa. De quebra, ainda temos a sempre luminosa presença de Isabella Rossellini, que faz aqui o papel de Ruth, mãe de Leonard.

O LEOPARDO

IL GATTOPARDO

ITÁLIA 1963

Direção: Luchino Visconti

Elenco: Burt Lancaster, Claudia Cardinale, Alain Delon, Paolo Stoppa, Rina Morelli, Romolo Valli, Terence Hill, Pierre Clémenti, Lucilla Morlacchi e Giuliano Gemma. Duração: 187 minutos. Distribuição: Versátil.

O cineasta italiano Luchino Visconti sabia como poucos retratar nobres e burgueses. Seu estilo operístico, principalmente a partir de *Sedução da Carne*, é perfeito para isso. E em *O Leopardo*, talvez sua obra máxima, somos os convidados de honra de uma grande festa. Baseado no romance de Giuseppe Tomasi De Lampedusa, a adaptação foi feita pelo próprio diretor e mais quatro roteiristas: Suso Cecchi D'Amico, Pasquale Festa Campanile, Enrico Medioli e Massimo Franciosa. O filme conta a história de Don Fabrizio (Burt Lancaster). Durante a unificação italiana, no início da segunda metade do século XIX, ele, um refinado príncipe da Sicília, é testemunha privilegiada da decadência da nobreza e a ascensão da burguesia. Seu sobrinho Tancredi (Alain Delon), decide tirar proveito da iminente mudança que está em curso e fica noivo da bela Angelina (Claudia Cardinale), filha do rico Don Calogero (Paolo Stoppa). Para que a noiva seja apresentada à sociedade, é realizado um suntuoso baile. Este é o ponto alto do filme. Uma sequência de pouco mais de 40 minutos de puro encantamento. "As coisas terão que mudar para continuarem as mesmas", diz Don Fabrizio. Essa frase resume com precisão o entendimento que ele tem daquele momento histórico. Visconti sabia do que estava falando. Como cineasta, ele também teve que mudar para continuar o mesmo. Basta conferir sua filmografia, que começou junto com o movimento neorrealista e foi se transformando ao longo dos anos. Seus filmes adquiriram uma fachada de beleza, requinte e suntuosidade. No entanto, os temas não mudaram. O olhar sutil e crítico sobre uma sociedade que vive de aparências permaneceu intacto. *O Leopardo* ganhou a Palma de Ouro de melhor filme no Festival de Cannes de 1963.

PLATOON

PLATOON

EUA 1986

Direção: Oliver Stone

Elenco: Charlie Sheen, Willem Dafoe, Tom Berenger, Keith David, Forest Whitaker, Francesco Quinn, Kevin Dillon, John C. McGinley, Reggie Johnson, Richard Edson e Johnny Depp. Duração: 120 minutos. Distribuição: Fox.

O cineasta americano Oliver Stone já era um roteirista respeitado e havia dirigido apenas dois longas quando realizou *Platoon*. Inspirado em acontecimentos vividos por ele próprio quando, entre os anos de 1967 e 1968 lutou no Vietnã, o filme conta a história do jovem Chris Taylor (Charlie Sheen), alterego do diretor, que se alista voluntariamente para lutar na guerra. Stone é conhecido por seus temas polêmicos e não é diferente com este filme, que chamou a atenção dos americanos por abrir uma ferida que ainda não estava cicatrizada. Além do fogo cruzado do inimigo, Chris se vê no meio de uma disputa entre os sargentos Elias (Willem Dafoe) e Barnes (Tom Berenger). A guerra em *Platoon* não tem nada de nobre. Em muitos momentos é visível que os soldados não enfrentam apenas os vietcongues. Além do medo e do cansaço, eles também lutam contra seus demônios interiores e contra o ódio e o caos que se instala dentro do próprio pelotão. Com sequências de um realismo por vezes sufocante, o filme nos incomoda, mas não conseguimos desviar nossa atenção da tela. Indicado a oito Oscar, terminou levando a metade deles: filme, direção, montagem e som. *Platoon* é a parte um da trilogia de Stone sobre o Vietnã. Ele dirigiu depois *Entre o Céu e a Terra* e *Nascido em 04 de Julho*. Uma curiosidade: o primeiro esboço do roteiro foi escrito por Oliver Stone em 1971, na época ele queria Jim Morrison, vocalista do *The Doors*, no papel de Chris. Diz a lenda que Morrison estava com uma cópia do roteiro quando foi encontrado morto em Paris naquele mesmo ano.

OS ELEITOS

THE RIGHT STUFF

EUA 1983

Direção: Philip Kaufman

Elenco: Sam Shepard, Scott Glenn, Ed Harris, Dennis Quaid, Fred Ward, Barbara Hershey, Kim Stanley, Veronica Cartwright, Pamela Reed, Lance Henriksen e Donald Moffat. Duração: 193 minutos. Distribuição: Warner.

Afirmações definitivas e generalizações costumam ser perigosas. No entanto, existem exceções. Neste caso, é possível afirmar com segurança e extrema correção que *Os Eleitos* é o melhor filme já feito sobre o início da NASA e do programa espacial americano. Baseado no livro do jornalista Tom Wolfe, o roteiro escrito por Philip Kaufman, também diretor do filme, conta a história desses heróis que tinham "a fibra certa" do título original. Tudo começa em 1947, quando o piloto de testes Chuck Yeager (Sam Shepard) se torna o primeiro homem a romper a barreira do som. Historicamente, estamos na época da guerra fria entre americanos e soviéticos e o filme cobre um período de cerca de 20 anos. Tecnicamente impecável, tanto que ganhou os Oscar de montagem, som e efeitos especiais, além de trilha sonora, o que mais importa aqui são as personagens. E a principal delas, aquela em torno da qual tudo acontece é justamente Yeager, um piloto meio caipira, de poucas palavras e muito instinto. A interpretação carismática de Sam Shepard faz com que acompanhemos sua história sem desgrudar os olhos um segundo sequer da tela. Os demais atores que vivem os papéis dos astronautas que compõem o pioneiro programa Mercury, cujo objetivo era realizar o primeiro voo tripulado de uma nave americana ao espaço, também estão ótimos. Assim como as atrizes que interpretam suas esposas. Mas Shepard rouba todas as cenas em que aparece. O filme foi mal recebido pela crítica e pelo público quando de seu lançamento. A razão talvez tenha sido o fato de Kaufman não glorificar aqueles heróis, que são mostrados como homens corajosos, porém, antes de tudo, seres humanos falíveis como qualquer um de nós. Os críticos perceberam depois que haviam "pisado na bola" e deram ao filme o devido destaque que ele merece. E o público tem no vídeo a chance de reavaliá-lo também.

PULP FICTION

PULP FICTION

EUA 1994

Direção: Quentin Tarantino

Elenco: John Travolta, Uma Thurman, Samuel L. Jackson, Tim Roth, Amanda Plummer, Eric Stoltz, Bruce Willis, Ving Rhames, Maria de Medeiros, Rosanna Arquette, Christopher Walken, Harvey Keitel e Quentin Tarantino. Duração: 154 minutos. Distribuição: Buena Vista.

Diz a lenda que Quentin Tarantino trabalhou em uma locadora de vídeo e que passava o tempo assistindo a todo tipo de filme. Principalmente os chineses, os faroestes de Sergio Leone e os franceses da *Nouvelle Vague*. Seu diretor favorito é Jean-Luc Godard, de quem emprestou o título de um de seus filmes para batizar sua produtora, A Band Apart. Godard disse certa vez que detesta Tarantino. Até aí, nada de novo, afinal, ele detesta quase todo mundo. O que poucos não percebem, ou não querem perceber, é que o cinema tarantiniano é um cinema de recortes, de citações, de reciclagem. É como você pegar todos os seus discos, escolher as músicas que mais gosta e gravar um novo disco com aquele material, misturando diversos trechos musicais e com isso, criando novos sons. É assim que ele faz cinema. Um tipo de cinema que se alimenta do próprio cinema, porém, sem ser metalinguístico. Uma obra pós-moderna, diriam alguns estudiosos. Prefiro classificar a obra de Tarantino como rizomática, em referência aos trabalhos de Gilles Deleuze e Félix Guattari. Segundo a Teoria do Rizoma, a organização dos elementos não segue linhas de subordinação hierárquica, mas, pelo contrário, qualquer elemento pode afetar ou incidir em qualquer outro. *Pulp Fiction* foi seu segundo trabalho como diretor. É, sem dúvida, seu filme mais "godardiano". A estrutura não linear, as histórias que acontecem em tempos diferentes e são montadas meio que fora da ordem, tudo lembra Godard. Bem mais pop, é verdade, mas, mesmo assim, Godard. Outra característica marcante na obra de Tarantino reside nos diálogos. Rápidos, nervosos, urgentes. O mesmo vale para seu humor, sempre ácido e inusitado. Tarantino também é bom em ressuscitar carreiras. Aqui, temos o retorno triunfal de um John Travolta já quase esquecido. *Pulp Fiction* ganhou em 1995 o Oscar de melhor roteiro original.

LENNY

LENNY

EUA 1974

Direção: Bob Fosse

Elenco: Dustin Hoffman, Valerie Perrine, Jan Miner, Stanley Beck, Frankie Man, Rashel Novikoff, Gary Morton Michele Yonge e Guy Rennie. Duração: 111 minutos. Distribuição: Versátil.

Quando se fala em Bob Fosse, a primeira associação que fazemos é com musicais. Nada de errado com isso, afinal de contas, dos cinco filmes que ele dirigiu, os três mais conhecidos são musicais: *Charity Meu Amor*, *Cabaret* e *All That Jazz*. Fosse também era coreógrafo e dirigiu muitos espetáculos na Broadway. *Lenny*, seu terceiro longa, é uma das exceções à regra. O roteiro do filme, adaptado por Julian Barry a partir de uma peça de sua autoria, conta a trajetória do comediante Lenny Bruce, interpretado aqui por Dustin Hoffman. A história se desenrola entre as décadas de 1950 e 1960. O humor de Lenny, sempre ácido contra a sociedade americana da época, chocava as plateias. Apesar disso, ele obteve um enorme sucesso, e mesmo assim, não se dobrou aos padrões sociais e acabou se envolvendo em um escândalo atrás do outro. *Lenny* foi um fracasso de bilheteria quando foi lançado nos cinemas. Muitos acharam que se tratava de um filme europeu. Fosse optou por fazer um docudrama em preto e branco. Hoffman está excepcional. O mesmo pode ser dito da bela Valerie Perrine, mais conhecida como a parceira de Lex Luthor no primeiro *Superman*. Perrine ganhou a Palma de Ouro de melhor atriz no Festival de Cannes. *Lenny* foi indicado a seis Oscar e não levou nenhum. Uma curiosidade: o filme nunca foi exibido nos cinemas brasileiros por causa de seu conteúdo. Na época do lançamento nenhum distribuidor quis comprá-lo porque havia a certeza de que o filme seria censurado pelo governo militar.

A MENINA SANTA

LA NIÑA SANTA

ARGENTINA/ITÁLIA/HOLANDA/
ESPANHA 2004

Direção: Lucrecia Martel

Elenco: Mercedes Morán, Carlos Belloso, Alejandro Urdapilleta, María Alche, Julieta Zylberberg, Mía Maestro, Arturo Goetz, Alejo Mango, Mónica Villa, Miriam Diaz e Rodolfo Cejas. Duração: 106 minutos. Distribuição. Imagem Filmes.

Quando a diretora argentina Lucrecia Martel lançou seu primeiro filme, *O Pântano*, em 2001, pegou a todos de surpresa. O que mais chamou a atenção foi a maneira segura como ela, em um trabalho de estreia, conseguiu realizar uma obra de tamanha genialidade. Isso criou, naturalmente, uma grande expectativa em relação ao seu segundo longa, *A Menina Santa*. Aqui, a cidade é a mesma do filme anterior, La Ciénaga. Acompanhamos a história de Amalia (Maria Alche), uma jovem que se despede da adolescência. Ela estuda em um colégio católico e mora em um grande hotel com a mãe, Helena (Mercedes Morán), e o tio Freddy (Alejandro Urdapilleta). A menina, dividida entre a educação religiosa e a curiosidade sexual da idade, espera por um sinal de Deus para saber o que fazer. Isso acontece primeiro no meio da rua, durante a apresentação de um músico. Depois, durante uma convenção médica no hotel onde reside, Amalia descobre sua verdadeira missão. *A Menina Santa* teve o cineasta espanhol Pedro Almodóvar como produtor executivo e mostra que a diretora, autora também do roteiro, junto com Juan Pablo Domenech, continua em excelente forma. Seu filme provoca e é sutil ao mesmo tempo. Transita entre conversas bobas que dizem muito e imagens que dizem mais ainda. Seu estilo narrativo não encontra paralelo no cinema argentino, muito menos no brasileiro. É um cinema que exala originalidade, ousadia e sensualidade.

A MONTANHA DOS SETE ABUTRES

ACE IN THE HOLE

EUA 1951

Direção: Billy Wilder

Elenco: Kirk Douglas, Jan Sterling, Robert Arthur, Richard Benedict, Porter Hall, Frank Cady, Lewis Martin, Ray Teal e Geraldine Wall. Duração: 111 minutos. Distribuição: Paramount.

O cineasta Billy Wilder já havia balançado as estruturas de Hollywood em 1950 com o estupendo *Crepúsculo dos Deuses*. Seu filme seguinte, *A Montanha dos Sete Abutres*, tira o foco da meca do cinema e mira no jornalismo. Mais precisamente na espetacularização da mídia. E tudo isso bem antes de qualquer estudo acadêmico sobre o assunto. O roteiro, de Lesser Samuels, Walter Newman e do próprio Wilder, tem como base uma história escrita por Victor Desny. O filme gira em torno do desmoronamento de uma caverna, onde um homem fica aprisionado. A tragédia chama a atenção de todos, principalmente de Charles Tatum (Kirk Douglas), um repórter decadente que trabalha agora em um pequeno jornal e vê naquele acidente sua chance de voltar ao topo. Aos poucos, começa a ser montado um verdadeiro "circo da mídia" no local e Tatum assume o controle da situação, aumentando e prolongando o drama e retardando as ações de resgate. O estilo ácido e original de Wilder continuam intacto, ou seja, não sobra espaço para amenidades. Tatum coloca seu interesse pessoal à frente da informação e com isso, dificulta a correta ação a ser tomada. Quem conhece a obra do diretor-roteirista austríaco radicado nos Estados Unidos sabe que ele domina a narrativa cinematográfica como poucos e transita sem problemas por qualquer gênero. E se sai muitíssimo bem em todos eles. *A Montanha dos Sete Abutres* é "apenas" mais uma prova de seu talento. Dito isso, é redundante dizer que é imperdível. Principalmente para os estudantes de jornalismo, pois funciona como um excelente manual do que não fazer na profissão.

JANELA INDISCRETA

REAR WINDOW

EUA 1954

Direção: Alfred Hitchcock

Elenco: James Stewart, Grace Kelly, Wendell Corey, Thelma Ritter, Raymond Burr, Judith Evelyn, Ross Bagdasarian, Georgine Darcy, Sara Berner e Frank Cady. Duração: 114 minutos. Distribuição: Universal.

Muitos consideram *Janela Indiscreta* a obra-prima de Alfred Hitchcock. Esta afirmação não é de todo exagerada. O filme que o mestre do suspense dirigiu em 1954 contém todos os elementos que o transformaram em um dos maiores gênios da História do Cinema. Hitchcock não gostava de surpresas. Quando contava uma história, tinha sempre a preocupação de fornecer ao espectador as informações necessárias para o bom acompanhamento da trama. O suspense está justamente nisso. Nós sabemos tudo o que acontece. O protagonista, por sua vez, pouco ou nada sabe. Isso, é claro, aumenta nossa angústia. Nesse quesito, *Janela Indiscreta* é um primor de apresentação, de concisão e de "roer unhas". Inteiramente ambientado dentro de um condomínio de apartamentos, já na sequência inicial conhecemos o fotógrafo profissional L. B. Jeffries (James Stewart). Em um desencadear de imagens ficamos sabendo de sua atual condição e de como ele chegou lá. Jeff, como é chamado, está preso a uma cadeira de rodas por causa de uma perna quebrada durante um trabalho. Sem ter o que fazer, ele pega sua câmara e com uma lente potente começa a bisbilhotar a vida dos outros moradores. Durante essa quase brincadeira, ele passa a desconfiar de um de seus vizinhos. Jeff acredita que ele matou a própria esposa. Com a ajuda de sua namorada Lisa (Grace Kelly, linda como nunca), e da enfermeira Stella (Thelma Ritter), tem início uma investigação para tentar provar a suspeita. Hitchcock, desde o começo, nos transforma em bisbilhoteiros também. Somos todos cúmplices de Jeff nessa jornada. O roteiro, escrito por John Michael Hayes, se baseia em um conto de autoria de Cornell Woolrich. Em *Janela Indiscreta*, o velho Hitch faz o que sabe fazer melhor: pega uma pessoa comum e a coloca em uma situação incomum. Parece simples e é simples. Mas a simplicidade requer uma genialidade que poucos possuem e Hitchcock, felizmente, tinha de sobra.

MACUNAÍMA

BRASIL 1969

Direção: Joaquim Pedro de Andrade

Elenco: Grande Otelo, Dina Sfat, Paulo José, Milton Gonçalves, Jardel Filho, Rodolfo Arena, Joana Fomm, Wilza Carla, Hugo Carvana e Maria Lúcia Dahl. Duração: 105 minutos. Distribuição: VideoFilmes.

Primeiro veio o livro, *Macunaíma: O Herói Sem Caráter*, escrito por Mário Andrade em 1928. Quatro décadas depois o cineasta Joaquim Pedro de Andrade (nenhum parentesco com o escritor) resolve adaptar a obra e transformá-la em filme. Estávamos no auge do movimento do Cinema Novo e Andrade queria explorar um texto que fosse genuinamente brasileiro e que lidasse com nossa mitologia e nosso folclore. Encontrou tudo isso em *Macunaíma*. Seria ele realmente a encarnação de um autêntico herói brasileiro? Uma pessoa preguiçosa, safada e sem caráter algum. A personagem é interpretada por dois atores: Grande Otelo e Paulo José. Ele nasce negro no meio do mato e desde pequeno revela seus "talentos" para a vagabundagem. Quando vai embora e chega na cidade grande, de repente, fica branco. Mas os talentos continuam os mesmos. *Macunaíma* talvez seja o filme mais popular do Cinema Novo. Diferente dos outros trabalhos realizados no período, Andrade conseguiu dialogar com o público através da exagerada alegoria de sua personagem principal. Não por acaso, muitos estudiosos defendem existir diversos paralelos entre os movimentos Modernista e do Cinema Novo. Há aqui a preocupação de se fazer uma obra verdadeiramente nacional, sem ligação ou influência alguma do exterior. O culto que se criou em torno do filme é prova incontestável de que este objetivo foi alcançado.

BELEZA AMERICANA

AMERICAN BEAUTY

EUA 1999

Direção: Sam Mendes

Elenco: Kevin Spacey, Annette Bening, Thora Birch, Wes Bentley, Mena Suvari, Chris Cooper, Peter Gallagher, Scott Bakula e Sam Robards. Duração: 121 minutos. Distribuição: Paramount.

Beleza Americana seria dirigido por Terry Gilliam, que terminou recusando o trabalho. Com isso, após indicação de Steven Spielberg, tornou-se o longa de estreia de Sam Mendes, um diretor egresso do teatro. O roteiro, escrito por Alan Ball, parte do mesmo foco narrativo explorado por Billy Wilder em *Crepúsculo dos Deuses*, com uma pitada de David Lynch em *Veludo Azul*, além de uma referência explícita ao Stanley Kubrick de *Lolita*. Na trama, somos apresentados a Lester (Kevin Spacey) e Carolyn (Annette Bening), um casal em estágio avançado de degradação. Eles têm uma filha, Jane (Thora Birch), e vivem no subúrbio uma vida aparentemente perfeita. Certo dia, Lester literalmente "chuta o balde", tanto no trabalho, que ele detesta, como também em casa, onde o sentimento não é diferente. Mendes pouco interfere na condução do filme e deixa que os atores, todos fantásticos, liderem o espetáculo. Apesar da qualidade do elenco, é preciso destacar a excepcional atuação de Spacey, extremamente à vontade e crível no papel principal. Outro acerto do filme está em sua bem escolhida trilha sonora. *Beleza Americana* foi o grande vencedor do Oscar de 2000, quando conquistou cinco prêmios: melhor filme, diretor, ator, roteiro original e fotografia.

OS INFILTRADOS

THE DEPARTED

EUA 2006

Direção: Martin Scorsese

Elenco: Leonardo DiCaprio, Matt Damon, Jack Nicholson, Mark Wahlberg, Martin Sheen, Ray Winstone, Vera Farmiga, Alec Baldwin, Anthony Anderson e Kevin Corrigan. Duração: 151 minutos. Distribuição: Warner.

Os mafiosos de Martin Scorsese costumavam ser italianos e atuavam na região de Nova York. Esse padrão mudou depois de *Os Infiltrados*. A cidade agora é Boston e os criminosos são de origem irlandesa. Uma coisa, felizmente, continua igual: o estilo scorseseano. Quando o projeto foi anunciado houve uma grande expectativa. E não era das melhores. Afinal, o material original era chinês, inspirado na trilogia *Conflitos Internos* (no Brasil foi lançado apenas um dos filmes). William Monahan escreveu o roteiro e conseguiu inserir elementos dos três filmes originais em apenas um, o que torna esta versão americana mais concisa que sua matriz. A trama em si é das mais originais. O comum, em policiais, é termos um tira infiltrado dentro de uma organização criminosa. Aqui, a situação é um pouco mais complicada. A polícia infiltra um novato, Billy Costigan (Leonardo DiCaprio), na "equipe" do mafioso Frank Costello (Jack Nicholson). Ao mesmo tempo, um homem de confiança de Costello, Colin Sullivan (Matt Damon), se infiltra na polícia. Tenso, intenso e violento, *Os Infiltrados* é puro Scorsese. Arrisco até dizer que a frase de Costello que abre o filme: "Eu não quero ser um produto do meio-ambiente. Eu quero que o meio-ambiente seja um produto meu", se aplica perfeitamente ao Cinema feito por esse Mestre. Quantos diretores em atividade fazem Cinema de verdade? Tudo aqui funciona de maneira exemplar. Roteiro complexo e bem escrito. Montagem ágil e envolvente, cortesia da experiente Thelma Schoonmaker. Trilha sonora impecável de Howard Shore (e isso sem contar as músicas dos Stones e dos Beach Boys). Fotografia primorosa de Michael Ballhaus. Elenco afinadíssimo (e olha que a lista de atores é quilométrica). Tudo sob a regência inspirada de Scorsese. Não por acaso *Os Infiltrados* foi o grande vencedor do Oscar de 2007, conquistando os prêmios de filme, direção, roteiro adaptado e montagem. Alguns críticos chegaram a escrever que se tratava de um Scorsese menor. A sétima arte seria muito melhor se todos os filmes "menores" fossem assim. *Os Infiltrados* é Cinema com "C" maiúsculo.

PATTON: REBELDE OU HERÓI?

PATTON

EUA 1969

Direção: Franklin J. Schaffner

Elenco: George C. Scott, Karl Malden, Stephen Young, Michael Strong, Carey Loftin, Albert Dumortier, Frank Latimore, Morgan Paull e Bill Hickman. Duração: 170 minutos. Distribuição: Fox.

Os subtítulos brasileiros, que de cara resumem o filme, já são quase uma tradição. A lista de exemplos é extensa. *Patton: Rebelde ou Herói?* é apenas mais um. O diretor Franklin J. Schaffner vinha de um grande sucesso, a versão original de *O Planeta dos Macacos*, quando assumiu o projeto sobre a vida do polêmico general George Smith Patton Jr. A partir da biografia escrita por Ladislas Farago e Omar N. Bradley, os roteiristas Francis Ford Coppola e Edmund H. North traçam um rico painel deste homem que era temido por seus inimigos, bem como por seus colegas de farda. Um homem de personalidade forte e ao mesmo tempo instável. Patton foi um dos maiores gênios militares do século XX e tinha nele próprio um oponente que ele nunca conseguiu derrotar. Para interpretar um homem assim, em toda a sua complexidade, somente um ator do porte de George C. Scott. Ele não deixa por menos e se entrega ao papel de maneira absoluta. A sensibilidade do diretor Schaffner aparece na maneira como a história é contada, optando por grandes e pequenos planos sempre que necessário. A figura de Patton já é, por si só, grande demais. Um cineasta menos habilidoso poderia facilmente sucumbir diante de personagem tão forte. Não é o que acontece aqui. Tudo em *Patton* é grandioso e funciona a favor da narrativa. O filme foi o grande vencedor do Oscar em 1970. Concorreu a dez Oscar e ganhou sete: filme, direção, ator, roteiro adaptado, montagem, som e direção de arte. Uma curiosidade: George C. Scott se recusou a receber o prêmio alegando ser injusta uma disputa entre atores e que a festa parecia um "desfile de carne".

ALMA EM SUPLÍCIO

MILDRED PIERCE

EUA 1945

Direção: Michael Curtiz

Elenco: Joan Crawford, Jack Carson, Zachary Scott, Eve Arden, Ann Blyth, Bruce Bennett, Lee Patrick e Moroni Olsen. Duração: 111 minutos. Distribuição: Versátil.

O cineasta húngaro-americano Michael Curtiz era o que comumente poderíamos chamar de "pau prá toda obra". Ao longo de sua carreira dirigiu cerca de 150 filmes e transitava por todos os gêneros com muita desenvoltura e competência. *Almas em Suplício*, que ele realizou em 1945, é um dos muitos dramas de sua extensa filmografia. Adaptado do romance *noir* de James M. Cain, o filme conta a história de Mildred Pierce (Joan Crawford), uma mãe dedicada e disposta a fazer tudo por sua filha Veda (Ann Blyth). A dedicação de Mildred é tanta que ela se torna suspeita do assassinato do marido. Através de *flashbacks*, vamos conhecendo seu passado e entendendo seu presente. Curtiz conduz essa intricada trama com maestria. Ele tem como aliado, além do estupendo roteiro, uma magistral fotografia em preto e branco assinada por Ernest Haller. O elenco também está soberbo, em especial Joan Crawford, que ganhou o Oscar de melhor atriz por este papel. Sem contar a belíssima trilha sonora composta por Max Steiner. *Almas em Suplício* mistura drama, romance, melodrama, suspense e policial, além de uma "pitada" noir, muito popular na época. E a mistura não desanda em momento algum. Mais uma prova do talento de Curtiz. Uma curiosidade: esta mesma história foi adaptada em 2011 por Todd Haynes, em formato de minissérie, produzida pela HBO e com Kate Winslet no papel-título.

BEM-VINDO

WELCOME

FRANÇA 2009

Direção: Philippe Lioret

Elenco: Vincent Lindon, Firat Ayverdi, Audrey Dana, Derya Ayverdi e Thierry Godard. Duração: 90 minutos. Distribuição: Imovision.

Existe uma máxima que diz: menos é mais. Ela se aplica com perfeição ao filme francês *Bem-Vindo*, dirigido por Philippe Lioret. A partir de uma trama simples, o roteiro original, escrito pelo diretor junto com Emmanuel Courcol, Olivier Adam e Serge Frydman, conta a história do iraquiano de origem curda Bilal (Firad Ayverdi). Ele é um jovem de 17 anos que está em Calais, na França, e é impedido pela imigração de seguir viagem até a Inglaterra onde deseja se encontrar com a namorada, Mina (Derya Ayverdi). Disposto a atingir seu objetivo, Bilal decide cruzar o Canal da Mancha, que tem 32 quilômetros de extensão, a nado. O único problema é que ele não sabe nadar. Entra em cena Simon (Vincent Lindon), um professor de natação que para impressionar e reconquistar sua mulher, Marion (Audrey Dana), passa a treinar o rapaz secretamente. *Bem-Vindo* consegue lidar com uma infinidade de questões políticas e culturais de maneira direta, verdadeira, quase documental. O roteiro bem estruturado lida com poucas personagens e as define muito bem. O elenco, estupendo, nos convence por completo do drama que estão vivendo. Por final, a direção criativa, sutil e segura de Lioret nos presenteia com uma história emocionante. Daquelas que carregamos depois na lembrança.

THE BIG LEBOWSKI

THE BIG LEBOWSKI

EUA 1998

Direção: Ethan e Joel Coen

Elenco: Jeff Bridges, John Goodman, Julianne Moore, Steve Buscemi, David Huddleston, Philip Seymour Hoffman, Tara Reid, John Turturro, Philip Moon, Mark Pellegrino, Sam Elliott, Ben Gazzara, Peter Stormare e Flea. Duração: 117 minutos. Distribuição: Universal.

Há uma frase dita por Walter (John Goodman) para Donny (Steve Buscemi), logo no começo de *O Grande Lebowski* que resume bem o espírito desse filme dos irmãos Coen: "você está fora de seu elemento". Essa é uma sensação que muita gente tem ao assistir ao filme. Jeffrey Lebowski (Jeff Bridges), ou simplesmente "*The Dude*", algo como "O Cara", é um desempregado, maconheiro, jogador de boliche, gente boa, fã do *Creedence* e apreciador da bebida *White Russian* (uma mistura de vodca com licor de café, leite e gelo). Confundido com o grande Lebowski (David Huddleston), um filantrópico milionário, sua casa é invadida e, para seu desespero, um dos invasores urina no seu tapete. A partir daí, o Dude se envolve em uma teia de acontecimentos inusitados, quase surreais, principalmente quando entram em cena Maude (Julianne Moore) e os niilistas liderados por Uli (Peter Stormare). Narrado pelo Estranho (Sam Elliott), *O Grande Lebowski* dividiu opiniões quando de seu lançamento. Depois, foi sendo reavaliado e tornou-se um *cult*. Talvez o mais cultuado dos filmes dirigidos pelos irmãos Ethan e Joel Coen, que escreveram o roteiro para homenagear um amigo (o verdadeiro "dude") e também os romances policiais de Raymond Chandler . O ator Jeff Bridges tem aqui o papel de sua carreira e que foi completamente ignorado pela Academia. Uma atitude que revela falta de humor e preconceito. *O Grande Lebowski* não é uma comédia para todo tipo de público. A graça vem do absurdo das situações e das personagens. Eu me divirto bastante sempre que o revejo e sei que existem outros como eu. Experimente. Afinal, *the Dude abides*!

O BAILE

LE BAL

FRANÇA/ITÁLIA/ARGÉLIA 1983

Direção: Ettore Scola

Elenco: Étienne Guichard, Régis Bouquet, Francesco De Rosa, Arnault LeCarpentier, Liliane Delval, Martine Chauvin, Danielle Rochard, Nani Noël e Marc Berman. Duração: 110 minutos. Distribuição: Platina.

Imagine um filme que cobre 50 anos de história. Nada demais, certo? Muitos já cobriram igual ou maior período. Bem, além desse período de tempo, o filme não tem diálogo algum, só música e dança. E mais, o cenário e o elenco são sempre os mesmos, só muda o figurino. Com essas características singulares, só existe um filme: *O Baile*, que o italiano Ettore Scola dirigiu em 1983. A partir de um longo *flashback*, percorremos cinco décadas de nossa história, dos anos 1930 até os anos 1980. O salão onde as personagens dançam se localiza na França e ao longo dessa trama singular presenciamos a ocupação nazista no país; a Segunda Guerra Mundial; a chegada dos aliados; as *big bands*; o *rock'n'roll* e os movimentos estudantis de protesto. Scola, junto com os roteiristas Ruggero Maccari e Furio Scarpelli, adaptou para o cinema um espetáculo criado e montado por Jean-Claude Penchenat em Paris, no *Théatre du Campagnol*, onde cerca de 25 atores interpretam quase 150 personagens que dançam em um salão. Classificado como um musical, *O Baile* se encaixa melhor na categoria de filme experimental. Apesar de sua origem teatral, é recheado de referências e ritmo cinematográficos. A trilha sonora composta por Vladimir Cosma é o complemento perfeito para nos conduzir por esse passeio no tempo. Indicado ao Oscar de melhor filme estrangeiro, *O Baile* ganhou três César (filme, diretor e música) e o Urso de Prata no Festival de Berlim.

O BOULEVARD DO CRIME

LES ENFANTS DU PARADIS

FRANÇA 1945

Direção: Marcel Carné

Elenco: Arletty, Jean-Louis Barrault, Pierre Brasseur, Pierre Renoir, Maria Casarés, Fabien Loris, Marcel Pérès e Palau. Duração: 190 minutos. Distribuição: Versátil.

Mostrar a realidade de maneira poética. Essa era a proposta de um grupo de cineastas franceses em atividade entre os anos 1930 e 1940. Nomes como Jean Vigo, Marcel Carné e Jean Renoir fizeram parte do movimento, que ficou conhecido como Realismo Poético Francês. Dentre os muitos filmes realizados nesse período, um se destacou mais que os outros e foi eleito o melhor filme francês do século XX. Estou falando de *O Boulevard do Crime,* escrito por Jacques Prévert e dirigido por Marcel Carné. Filmado em 1943, ainda durante a ocupação nazista na França, o lançamento só ocorreu em 1945, depois do fim da Segunda Guerra Mundial. A história acontece em dois momentos. Ambos na década de 40 do século XIX. Temos aqui um triângulo amoroso composto pela atriz Garance (Arletty), o ator Fréderick (Pierre Brasseur) e o mímico Baptiste (Jean-Louis Barrault). Inteiramente rodado em estúdio, o diretor "brinca" com o teatro e a literatura na composição dos cenários e nas falas das personagens. Ele "flerta" também com elementos de metalinguagem e conduz seus atores por momentos antológicos. O título original, *Les Enfants du Paradis*, tem duplo sentido. Pode ser traduzido como "as crianças do paraíso" ou como "os pobres da última fileira". Tudo se desenrola no Boulevard du Temple, um local cheio de cabarés e teatros, onde pulsa forte a vida boêmia de Paris. Alguns insensíveis poderão achar o filme um pouco "datado". Para os amantes da sétima arte, trata-se de um espetáculo sem igual e obrigatório.

NÁUFRAGO

CAST AWAY

EUA 2000

Direção: Robert Zemeckis

Elenco: Tom Hanks, Helen Hunt, Paul Sanchez, Lari White, Leonid Citer e David Allen Brooks. Duração: 143 minutos. Distribuição: Paramount.

Os maliciosos poderão dizer que *Náufrago* é o maior comercial já feito em filme da FedEx, empresa de entrega de encomendas. Em termos cinematográficos, se trata de uma obra ousada e original, que só foi realizada por causa da dupla Robert Zemeckis (diretor) e Tom Hanks (ator), a mesma de *Forrest Gump*. A trama gira em torno de Chuck Noland (Hanks), um dedicado, até demais, funcionário da FedEx. Sua vida pessoal é um caos. Por causa do trabalho, ele nunca tem tempo para coisa alguma. Incluindo sua namorada, Kelly (Helen Hunt). Tudo muda após um acidente aéreo onde ele é o único sobrevivente. Agora, sozinho em uma ilha deserta, tempo é o que não lhe falta. O roteiro de William Broyles Jr. guarda semelhanças com o clássico da literatura *Robinson Crusoé*, de Daniel Defoe, mas, sem a personagem do Sexta-feira, aqui substituído por Wilson. A produção de *Náufrago* foi das mais complexas. Primeiro, Zemeckis filmou o início da história até o acidente e as primeiras semanas de Chuck na ilha. Depois, houve um intervalo de um ano nas filmagens. Período necessário para que Hanks perdesse peso e se condicionasse fisicamente para parecer alguém que ficou quatro anos à base de peixe e côco. Em uma indústria feroz e imediatista como a hollywoodiana, é quase inacreditável a realização de um filme assim. Zemeckis, um diretor apaixonado por desafios tecnológicos, cria uma das mais belas elipses do cinema a partir da tentativa de extração de um dente e, na seqüência, nos presenteia com 80 minutos de pura magia e coragem ao tirar qualquer trilha sonora e mostrar apenas um ator em cena contracenando e os ruídos naturais da ilha. Uma curiosidade: existe mesmo a marca Wilson de artigos esportivos, no entanto, a escolha foi uma brincadeira com o sobrenome da esposa de Hanks, a atriz Rita Wilson.

GILBERT GRAPE: APRENDIZ DE SONHADOR

WHAT'S EATING GILBERT GRAPE?

EUA 1993

Direção: Lasse Hallström

Elenco: Johnny Depp, Juliette Lewis, Leonardo DiCaprio, Mary Steenburgen, John C Reilly e Crispin Glover. Duração: 118 minutos. Distribuição: Flashstar.

Segundo filme americano do cineasta sueco Lasse Hallström, *Gilbert Grape: Aprendiz de Sonhador* conta uma história singular. O roteiro, escrito por Peter Hedges com base em seu próprio livro, acompanha a vida de Gilbert Grape (Johnny Depp), um jovem que após a morte do pai ficou responsável pelo sustento da família. Se fosse só isso, tudo bem. No entanto, Gilbert precisa cuidar da mãe, Bonnie (Darlene Cates), obesa e reclusa, que não pára de comer e nem sai de casa desde a morte do marido. Tem também seu irmão caçula, Arnie (Leonardo DiCaprio), um deficiente mental, além das duas irmãs. Gilbert não tem mais vida própria e tudo ao seu redor o deixa cada vez mais preocupado. Daí a expressão do título original, *What's Eating Gilbert Grape?*, que pode ser traduzido como "o que está aborrecendo Gilbert Grape?". Um lampejo de esperança surge então na figura de Becky (Juliette Lewis), uma garota que chega à pequena cidade de Endora, onde mora a família Grape. Hallström não é um diretor arrojado, mas, conhece seu ofício e é daqueles que sabe contar bem uma história. Aqui, tudo conspira a seu favor: um bom roteiro; um elenco inspiradíssimo, em especial, DiCaprio, então com 19 anos, que foi até indicado ao Oscar de ator coadjuvante por este papel. Além das belas imagens de Sven Nykvist, fotógrafo habitual de Ingmar Bergman.

MONIKA E O DESEJO

SOMMAREN MED MONIKA BERT GRAPE?

SUÉCIA 1952

Direção: Ingmar Bergman

Elenco: Harriet Andersson, Lars Ekborg, John Harryson, Georg Skarstedt, Åke Fridell, Viktor Andersson, Renée Björling, Astrid Bodin e Naemi Briese. Duração: 92 minutos. Distribuição: Versátil.

O cineasta sueco Ingmar Bergman já havia dirigido dez longas-metragens em apenas sete anos. Seu nome era respeitado na Suécia e com o filme seguinte, *Monika e o Desejo*, ele foi apresentado ao mundo. Pouco antes de Marilyn Monroe e quase 15 anos antes de Brigitte Bardot, a atriz sueca Harriet Andersson tomou o cinema de assalto com sua sensualidade, beleza e postura libertária. Primeira musa de Bergman, ela é a estrela e principal razão de existir e de se assistir ao filme. A partir do roteiro de Per Anders Fogelström, adaptado de seu romance, Bergman conta a história de um jovem casal, Harry (Lars Ekborg) e Monika (Andersson), que vivem uma intensa paixão de verão. Os dois moram em Estocolmo e largam seus empregos e famílias para uma viagem de barco pelas ilhas da região. A fotografia de Gunnar Fischer reforça o caráter claro/escuro que marca a vida dos amantes. Enquanto eles estão na cidade, os tons são pesados e a vida é difícil. Fora de lá, tudo se ilumina e há uma sensação de liberdade plena. Bergman disse repetidas vezes que *Monika e o Desejo* foi um de seus filmes mais simples e fáceis de fazer. Ele precisou apenas ligar a câmara e deixar o resto por conta do furação Harriet. Basta ver o filme para entender que o Mestre tem mesmo razão.

O DRAGÃO DA MALDADE CONTRA O SANTO GUERREIRO

BRASIL 1968

Direção: Glauber Rocha

Elenco: Maurício do Valle, Odete Lara, Othon Bastos, Hugo Carvana, Jofre Soares, Lorival Pariz, Rosa Maria Penna e Emmanoel Cavalcanti. Duração: 95 minutos. Distribuição: Versátil.

Uma das obras mais populares de Glauber Rocha, *O Dragão da Maldade Contra o Santo Guerreiro* é o mais próximo de um faroeste que um filme brasileiro poderia ser. Considerado por muitos como uma continuação de *Deus e o Diabo na Terra do Sol*, o filme é conhecido no exterior pelo título de Antonio das Mortes. Tudo acontece em uma pequena cidade do interior nordestino chamada Jardim das Piranhas. Lá aparece um cangaceiro de nome Coirana (Lorival Pariz), que se apresenta como a reencarnação de Lampião. Outro que também chega na cidadezinha é Antonio das Mortes (Maurício do Valle). Está armada a arena para o grande duelo. Ao redor dos dois cangaceiros, outras personagens se destacam: um professor sem esperança (Othon Bastos), um coronel delirante (Jofre Soares), um delegado ambicioso (Hugo Carvana) e uma mulher solitária, Laura (Odete Lara). Cheio de simbolismos e de brasilidade, o próprio Glauber assim resumiu seu quarto longa: "o Dragão é inicialmente Antonio das Mortes, assim como São Jorge é o cangaceiro. Depois, o verdadeiro dragão é o latifundiário, enquanto o Santo Guerreiro passa a ser o professor quando pega as armas do cangaceiro e de Antonio das Mortes. Em suma, queria dizer que tais papéis sociais não são eternos e imóveis, e que tais componentes de agrupamentos sociais solidamente conservadores, ou reacionários, ou cúmplices do poder, podem mudar e contribuir para mudar. Basta que entendam onde está o verdadeiro dragão.". Este foi o primeiro filme colorido do diretor e influenciou diversos cineastas mundo afora, entre eles, o americano Martin Scorsese, que participa do documentário *Milagrez*, realizado por Paloma Rocha e Joel Pizzini e que compõe esta edição especial restaurada lançada pela Versátil. Glauber ganhou a Palma de Ouro de melhor diretor no Festival de Cannes de 1969.

MANHATTAN

MANHATTAN

EUA 1979

Direção: Woody Allen

Elenco: Woody Allen, Diane Keaton, Michael Murphy, Mariel Hemingway, Meryl Streep, Anne Byrne Hoffman, Karen Ludwig, Michael O'Donoghue e Victor Truro. Duração: 96 minutos. Distribuição: Fox.

O cineasta nova-iorquino Woody Allen é um dos poucos diretores do cinema contemporâneo que dirige um filme todo ano. E vem mantendo esse ritmo há mais de 40 anos. *Manhattan*, sua obra de 1979, é um divisor de águas em sua filmografia. Ou melhor dizendo, é um trabalho de transição. Ao longo dos anos 1970, Allen se notabilizou pelas comédias que escreveu e/ou dirigiu. Aqui, ele experimenta uma estrutura diferente da habitual. O humor, meio que involuntário, ainda está presente, porém, traz junto uma carga dramática mais acentuada e um olhar crítico de extrema acidez. Primeiro filme de Allen rodado em preto e branco, lindamente fotografado por Gordon Willis, *Manhattan* trata de relacionamentos e tem como subtexto a alienação urbana em uma grande cidade. Isaac Davis (Allen), vive na ilha que dá nome ao filme. Ele odeia o emprego que tem; namora Tracy (Mariel Hemingway), uma garota de 17 anos; sua ex-mulher, Jill (Meryl Streep), está escrevendo um livro onde revelará segredos do casamento dos dois e, para complicar ainda mais tudo, ele se apaixona perdidamente por Mary (Diane Keaton), que é amante de Yale (Michael Murphy), seu melhor amigo. A influência do cineasta sueco Ingmar Bergman é bem evidente. Allen nunca negou isso. O filme dividiu opiniões: muitos o consideram uma obra-prima, outros não. Generalizações costumam ser perigosas, o mais prudente então é aceitar *Manhattan* pelo que ele é: um filme que revela um artista em busca de novos caminhos para sua arte e que não tem medo de arriscar. E de quebra, ainda tem *Rhapsody in Blue*, de George Gershwin, na trilha sonora.

NAVIGATOR: UMA ODISSÉIA NO TEMPO

THE NAVIGATOR: A MEDIEVAL ODYSSEY

NOVA ZELÂNDIA/AUSTRÁLIA 1988

Direção: Vincent Ward

Elenco: Bruce Lyons, Chris Haywood, Hamish McFarlane, Marshall Napier, Paul Livingston e Noel Appleby. Duração: 88 minutos. Distribuição: Spectra Nova.

O diretor e roteirista neozelandês Vincent Ward já havia realizado dois longas antes de *Navigator: Uma Odisséia no Tempo*. Porém, foi com esse filme que ele se projetou mundialmente. O culto que se criou em tornou dessa saga medieval que mistura a peste negra com viagem no tempo fez com que a Fox contratasse Ward para escrever e dirigir *Alien³*. O projeto não vingou e ele foi substituído por David Fincher. No entanto, muito de seu roteiro foi mantido. Mas isso é uma outra história. A trama de *Navigator*, escrita pelo próprio Ward junto com Geoff Chapple e Kely Lyons, começa no ano de 1348, em uma região chamada Cumbria. O continente europeu sofre com o avanço da peste negra. Connor (Bruce Lyons) prevê que a doença chegará muito em breve. O desespero toma conta de todos. Griffin (Hamish McFarlane), irmão caçula de Connor, relata suas visões e diz acreditar que a solução para o problema está em um buraco nos arredores da aldeia. Segundo ele, aquela seria uma passagem para um outro lugar onde eles estariam livres da peste. O túnel aberto termina por levá-los até Auckland, maior cidade da Nova Zelândia, nos dias atuais. *Navigator* é um filme estranho. No bom sentido. Sua história fantástica aliada a um visual bastante expressivo e carregado de simbolismos religiosos nos envolve por completo. O elenco completamente desconhecido reforça ainda mais a sensação de estranhamento.

O HOMEM SEM PASSADO

MIES VAILLA MENNEISYYTTÄ

FINLÂNDIA 2002

Direção: Aki Kaurismaki

Elenco: Markku Peltola, Kati Outinen, Juhami Niemelã, Annikki Tähti, Kaija Pakarinen, Sakari Kuosmanen, Anneli Sauli e Elina Salo. Duração: 97 minutos. Distribuição: Imagem Filmes.

O que você poderia dizer sobre a Finlândia? As respostas mais comuns apontariam o seguinte: fica na região da Escandinávia; é muito longe e fria; a capital é Helsinque e é o país onde está localizada a Lapônia, terra do Papai Noel. E se a pergunta fosse sobre o cinema finlandês? Pouco, quase nada, se sabe dele. O produtor/diretor/roteirista/montador Aki Kaurismaki é o cineasta mais famoso de lá e, coincidentemente, é laponiano de nascimento. Um de seus filmes mais conhecidos é *O Homem Sem Passado*, realizado em 2002. Na trama, um homem (Markku Peltola), é violentamente espancado e perde a memória. Ele foge do hospital e tenta arranjar um trabalho, sem se lembrar de nada, nem mesmo o próprio nome. Apesar disso, consegue um emprego e leva sua nova rotina com bom humor. Até se apaixona por uma colega de trabalho (Kati Outinen). Certo dia, o passado o procura e abre a possibilidade de ele ter sua vida de volta. Uma vida da qual ele não tem lembrança e nem saudade alguma. Kaurismaki trabalhou como carteiro, lavador de pratos e crítico de cinema antes de montar a Villealfa, sua produtora e distribuidora de filmes, que recebeu esse nome em homenagem a Alphaville, de Jean-Luc Godard, de quem é fã declarado. Bastante ativo e dono de uma extensa filmografia, ele tem um irmão, Mika Kaurismaki, também cineasta e que mora hoje no Rio de Janeiro, onde tem um bar que leva seu nome, em Ipanema. *O Homem Sem Passado* apresenta uma história simples e comovente que nos faz refletir sobre o que realmente importa em nossas vidas.

MEDIANERAS

MEDIANERAS

ARGENTINA 2010

Direção: Gustavo Taretto

Elenco: Javier Drolas, Pilar López de Ayala, Inés Efron, Carla Peterson, Adrián Navarro, Romina Paula, Rafael Ferro, Jorge Lanata e Alan Pauls. Duração: 95 minutos. Distribuição: Imovision.

Dizer que o cinema argentino contemporâneo é bem melhor que o nosso já é quase um clichê. *Medianeras* é apenas mais uma prova da superioridade cinematográfica de nossos hermanos. Escrito e dirigido pelo estreante em longas Gustavo Taretto, o filme expande o tema de um curta-metragem de mesmo nome que ele havia realizado em 2005. Acompanhamos aqui a história de Martin (Javier Drolas) e Mariana (Pilar López de Ayala), dois solitários que moram na avenida Santa Fé, em Buenos Aires, e são vizinhos de prédio. Ele trabalha desenhando sites de internet e ela é uma arquiteta que vive de decorar vitrines. Ambos saídos de relacionamentos que não deram certo e tentando se achar. Curiosamente, eles, que vivem tão perto um do outro, estão também bem distantes por conta de pequenos desencontros. *Medianeiras* aborda uma gama imensa de temas ao mesmo tempo. Um filme cheio de camadas, daqueles que a cada nova visita descobrimos algo que não havíamos percebido na vez anterior. Mérito do excelente e criativo roteiro de Taretto, que mistura um sem números de referências visuais, sonoras e literárias para compor um mosaico complexo da vida moderna. A analogia com o livro-jogo *Onde Está Wally?* não é gratuita. As vidas de Martin e Mariana giram em torno de cada um encontrar seu "Wally", sua cara-metade, que está perdido no meio da multidão. E o filme deixa claro desde o começo que os dois se completam. A única coisa que falta é eles se encontrarem no mundo real. E o dia-a-dia deles ao longo de cerca de um ano é muito bem construído e nos envolve e comove por completo, sem pieguices ou apelos fáceis. Uma curiosidade: o escritor Alan Pauls, autor do livro *O Passado*, que virou filme dirigido por Hector Babenco, faz uma ponta como o ex-namorado de Mariana.

A PELE QUE HABITO

— LA PIEL QUE HABITO —

ESPANHA 2011

Direção: Pedro Almodóvar

Elenco: Antonio Banderas, Elena Anaya, Marisa Paredes, Jan Cornet, Roberto Álamo, Eduard Fernández, Blanca Suárez e Bárbara Lennie. Duração: 120 minutos. Distribuição: Paris Filmes.

Antes de tudo, *A Pele Que Habito* é aquele tipo de filme que se fosse dirigido por qualquer outro diretor, correria o risco de se transformar em algo medonho e sem sentido algum. Quase uma caricatura mal feita e que afundaria na mistura de gêneros proposta pela trama. Pela lente do cineasta espanhol Pedro Almodóvar, o filme adquire uma dimensão maior, intrigante, única. Baseado no romance *Tarântula*, do escritor francês Thierry Jonquet, *A Pele Que Habito* marca a estreia de Almodóvar no suspense e também seu reencontro com o ator Antonio Banderas, 20 anos depois de terem trabalhado juntos em *Ata-me*. Ele interpreta o Dr. Robert Ledgard, um famoso cirurgião plástico, uma espécie de "Dr. Frankenstein" moderno. Sua principal pesquisa é a criação de uma nova pele, mais resistente, que poderia ter salvo sua esposa, morta queimada em um acidente de carro. É difícil resumir a história do filme sem estragar suas surpresas. Quanto menos você souber, melhor. Portanto, a prudência alerta: vamos parar por aqui. *A Pele Que Habito* é, em sua essência, uma trágica história de amor, temperada com humor negro e um pouco de terror e mistério. Almodóvar concebe uma estranha fábula sobre a obsessão de um homem de uma maneira que só ele seria capaz de contar. E nós a "compramos" inteiramente por sabermos que estamos diante de um autêntico Almodóvar. Ele conseguiu criar um mundo cinematográfico particular, onde tudo é possível, por mais bizarro que possa parecer.

IMPÉRIO DO SOL

EMPIRE OF THE SUN

EUA 1987

Direção: Steven Spielberg

Elenco: Christian Bale, John Malkovich, Miranda Richardson, Nigel Havers, Joe Pantoliano, Leslie Phillips, Masato Ibu, Emily Richard e Ben Stiller. Duração: 153 minutos. Distribuição: Warner.

Quando Steven Spielberg dirigiu *Império do Sol*, ele estava naquela fase em que queria provar que era um diretor adulto. Seu trabalho anterior havia sido *A Cor Púrpura* e, em muitos aspectos, o novo filme, apesar de estrelado por uma criança, consegue estabelecer o padrão de maturidade que Spielberg buscava. Com roteiro de Tom Stoppard, baseado no livro de J. G. Ballard, *Império do Sol* conta a história de um garoto inglês, Jim Graham (Christian Bale, em seu primeiro papel no cinema), que se perde dos pais na China, durante a repressão japonesa no período da Segunda Guerra Mundial. Tudo é mostrado através do ponto de vista de um menino, ao mesmo tempo fascinado e horrorizado com o que presencia em sua luta pela sobrevivência. *Império do Sol* talvez tenha a mais forte cena de abertura de um filme de Spielberg, quando vemos alguns caixões com cadáveres boiando no rio. O jovem ator galês Christian Bale, que quase 20 anos depois ficaria famoso como o Batman da trilogia de Christopher Nolan, é o grande destaque do elenco. Além de John Malkovich, que vive Basie, um americano que fica amigo seu no campo de concentração. O avião, seja o pequeno de brinquedo ou os grandes de verdade, estão no centro de tudo. A seqüência em que Jim se diverte vendo-os passar em vôos rasantes é uma das melhores do filme. Bale foi escolhido para o papel em uma disputa com outros 4.000 candidatos. Ele havia sido indicado por Amy Irving, então esposa de Spielberg, com quem havia trabalhado na minissérie de TV *Anastácia*. Duas curiosidades: o cineasta inglês David Lean, de *Lawrence da Arábia*, quase dirigiu *Império do Sol*, que foi o primeiro filme hollywoodiano a conseguir permissão para filmagem dentro da República da China.

RANGO

RANGO

EUA 2011

Direção: Gore Verbinski

Animação. Duração: 107. Distribuição: Paramount.

O diretor Gore Verbinski estava em alta depois do estrondoso sucesso dos três primeiros filmes da série *Piratas do Caribe*. Causou surpresa quando ele anunciou que seu trabalho seguinte seria uma animação. A surpresa se revelou ainda maior quando *Rango* foi lançado e apresentou Lars, um camaleão que vai parar em uma cidade selvagem e sem lei. A população oprimida do lugar enxerga nele o herói salvador. Verbinski rema contra a maré e realiza um filme surpreendente e fora dos padrões. *Rango* tem um visual único e personagens extremamente peculiares e que não obedecem à cartilha que estamos acostumados nas animações. Ao invés de bichinhos fofinhos, temos lagartos, toupeiras, sapos, cobras, gaviões, ratos e tatus. Além disso, o filme presta homenagem a dois ícones do gênero faroeste: Sergio Leone e Clint Eastwood. O diretor também capricha nos planos e nos enquadramentos e transforma cada seqüência em um espetáculo para cinéfilo nenhum botar defeito. Principalmente pela dublagem original de Johnny Depp no papel-título e da inspirada aparição do Espírito do Oeste. Pode até assustar um pouco as crianças, mas, certamente, encantará os adultos. *Rango* ganhou o Oscar de melhor animação de 2012. Merecidamente.

BEM-VINDO À CASA DE BONECAS

WELCOME TO THE DOLLHOUSE

EUA 1995

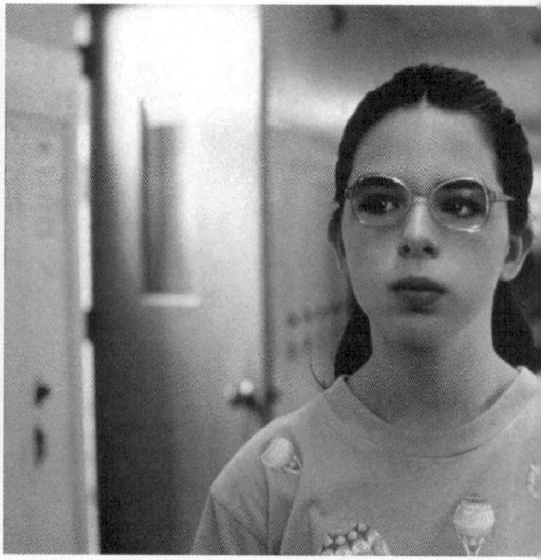

Direção: Todd Solondz

Elenco: Heather Matarazzo, Victoria Davis, Christina Brucato, Siri Howard, Christina Vidal, Josiah Trager e Ken Leung. Duração: 88 minutos. Distribuição: Lume Filmes.

O cineasta americano Todd Solondz nasceu em Nova Jersey, do lado de Nova York e se envolveu com cinema trabalhando como mensageiro do Sindicato dos Roteiristas. Depois, trabalhou como professor de inglês para imigrantes russos. Mais tarde, estudou Cinema na Universidade de Nova York, onde dirigiu seu famoso curta, *Schatt's Last Shot*, em 1985. Solondz fez quase tudo no filme, inclusive atuou. *Bem-Vindo à Casa de Bonecas* é seu segundo longa-metragem. O roteiro, de sua autoria, conta a história da jovem Dawn Wiener (Heather Matarazzo), uma garota completamente desengonçada, filha de pais relapsos e que sofre abusos verbais dos colegas de escola. Como se isso não bastasse, ela tem um irmão mais velho nerd e popular e uma atraente irmã mais nova. Tudo isso faz de Dawn um poço de inseguranças. Ela não se encaixa nos padrões da maioria. Assim como o cinema de Solondz, cuja visão da sociedade é extremamente corrosiva. Misturando drama e humor cáustico, *Bem-Vindo à Casa de Bonecas* não deixa espaço para meios-termos. Como uma frase do cartaz do filme anuncia: nem todas as garotas querem brincar com bonecas. É chegada, portanto, a hora da vingança. O filme foi o vencedor, em 1996, do Grande Prêmio do Júri em Sundance, o mais importante festival de cinema independente do mundo.

MAGNÓLIA

MAGNOLIA

EUA 1999

Direção: Paul Thomas Anderson

Elenco: Julianne Moore, Philip Seymour Hoffman, William H. Macy, John C. Reilly, Tom Cruise, Philip Baker Hall, Jason Robards, Alfred Molina, Melora Walters, Michael Bowen, Luis Guzmán, Melinda Dillon, Jeremy Blackman e April Grace. Duração: 188 minutos. Distribuição: PlayArte.

Paul Thomas Anderson é um dos mais talentosos cineastas americanos da atualidade. Dono de uma obra composta por poucos filmes, todos excelentes e cheios de criatividade. *Magnólia* é seu terceiro longa e o mais pessoal de todos os que escreveu e dirigiu. A exemplo do que Robert Altman, seu diretor favorito, fez em *Short Cuts: Cenas da Vida*, Anderson compõe aqui um magnífico mosaico de personagens cujas vidas se desenvolvem e terminam por se misturar a partir de uma série de coincidências. Big Earl Partridge (Jason Robards) é um rico produtor de TV à beira da morte por causa de um câncer e que deseja reencontrar seu filho. Phil (Philip Seymour Hoffman) é seu dedicado enfermeiro e Linda (Julianne Moore), sua jovem esposa. Frank (Tom Cruise), é um celebrado guru machista e o filho que Big Earl procura. Jimmy Gator (Philip Baker Hall) é apresentador de um famoso programa de TV que também está com câncer e tentando se entender com a filha Cláudia (Melora Walters), uma viciada em cocaína. Stanley (Jeremy Blackman) é um garoto-prodígio que participa do programa de TV de Gator e é manipulado pelo pai oportunista. Donnie Smith (William H. Macy) também participou do mesmo programa quando era menino. E por fim, o policial Jim Kurring (John C. Reilly) se envolve no drama de Cláudia. Existe um ponto comum que liga toda essa gente. Eles moram em um bairro de Los Angeles que é cortado pela rua Magnólia. Anderson vai tecendo sua teia de histórias cômicas e trágicas, carregadas de surpresas e momentos de pura magia, como quando todos cantam a música *Wise Up*, de Aimee Mann. Outro ponto alto do filme é a chuva de sapos, que adquire um significado transformador na vida das personagens. Preste atenção como todos mudam depois da chuva, exceto uma pessoa. Magnólia foi indicado a três Oscar: roteiro original, canção (*Save Me*, também de Aimee Mann) e ator coadjuvante (Tom Cruise). Não ganhou nenhum e merecia ter recebido pelo menos mais sete indicações e vencido todas.

É PROIBIDO FUMAR

BRASIL 2009

Direção: Anna Muylaert

Elenco: Glória Pires, Paulo Miklos, Marisa Orth, André Abujamra, Paulo César Pereio, Thogun, Antônio Abujamra, Daniela Nefussi, Marat Descartes, Rafael Raposo, Lourenço Mutarelli, Pitty e Maureen Miranda. Duração: 85 minutos. Distribuição: PlayArte.

Anna Muylaert é uma das mais originais roteiristas e diretoras do Brasil. Ela tem um dom especial para misturar gêneros cinematográficos. Já havia feito isso de maneira brilhante em seu longa de estreia, *Durval Discos*, de 2002. Repete a dose em seu magistral segundo filme, *É Proibido Fumar*. Nada é o que parece no cinema de Anna Muylaert e a ironia e o surreal são elementos recorrentes em sua filmografia. "Respirar. Tomar água. O cigarro parece meu amigo, mas, é meu inimigo". Esse mantra é dito pela personagem da curitibana Maureen Miranda, que faz parte de uma equipe de apoio à pessoas que querem parar de fumar. No caso, Baby (Glória Pires), uma professora de violão que mora sozinha e que se envolve com o novo vizinho, Max (Paulo Miklos), que não é muito fã de cigarro. *É Proibido Fumar* vai te pegando aos poucos. E a química que se estabelece entre a experiente Glória Pires e o músico-ator Paulo Miklos, dos Titãs, é espetacular. E tudo culmina no momento final de pura cumplicidade. Muylaert, além de ótima roteirista, sabe tirar o máximo de seu elenco e compor com perfeição cada cena do filme. Outro ponto a ser destacado é a bela trilha sonora e as participações especiais de Paulo César Pereio, como o dono da churrascaria, e do quadrinista e escritor Lourenço Mutarelli, como o corretor de imóveis.

QUANDO PAPAI SAIU EM VIAGEM DE NEGÓCIOS

OTAC NA SLUZBENOM PUTU

IUGOSLÁVIA 1985

Direção: Emir Kusturica

Elenco: Moreno D'E Bartolli, Miki Manojlovic, Mirjana Karanovic, Mustafa Nadarevic, Mira Furlan, Predrag Lakovic, Pavle Vujisic e Eva Ras. Duração: 136 minutos. Distribuição: Lume Filmes.

O cineasta sérvio Emir Kusturica é dono de uma obra bem diversificada. Atuando como produtor, roteirista, diretor, músico e ator, ele é o nome mais destacado da sétima arte em seu país. *Quando Papai Saiu em Viagem de Negócios* é seu segundo longa-metragem. A partir do roteiro de Abdulah Sidran acompanhamos o drama do garoto Malik (Moreno D'E Bartolli). Ele enfrenta o desaparecimento de seu pai, Mehmed (Miki Manojlovic), durante os últimos anos do regime do Marechal Tito, na Iugoslávia, na virada dos anos 1940 para 1950. Na verdade, ele foi preso pelo governo por causa de um comentário sobre um desenho publicado no jornal. Para evitar o sofrimento do filho, a mãe, Senija (Mirjana Karanovic), diz que o marido viajou à negócios. Utilizando um recurso já explorado em outros dramas de guerra, Kusturica filtra aquele momento delicado e perigoso de seu país através do olhar de uma criança. Com sensibilidade, ele nos conduz por uma trama que se revela em sua essência uma bela história de amor. Com esta obra, Kusturica ganhou a Palma de Ouro de melhor direção no Festival de Cannes de 1985 e foi indicado ao Oscar de melhor filme estrangeiro. Tornou-se então conhecido e conseguiu financiamento para outros projetos. Uma curiosidade: a atriz iugoslava Mira Furlan, mais conhecida como a Dalenn, do seriado *Babylon 5*, atua neste filme no papel de Ankica.

AS VIRGENS SUICIDAS
THE VIRGIN SUICIDES
EUA 1999

Direção: Sofia Coppola

Elenco: James Woods, Kathleen Turner, Kirsten Dunst, Josh Hartnett, Michael Paré, Scott Glenn, Danny DeVito, A.J. Cook, Hanna Hall, Leslie Hayman, Chelse Swain, Lee Kagan e Robert Schwartzman. Duração: 97 minutos. Distribuição: Paramount.

Filha de pai famoso e talentoso, massacrada injustamente como atriz por sua participação em *O Poderoso Chefão – Parte III*, Sofia Coppola só teve uma alternativa: se reinventar. E ela fez isso se revelando uma excelente roteirista e diretora. Francis Ford deve ter ficado muito orgulhoso. *As Virgens Suicidas* é seu primeiro longa, que ela própria adaptou do livro homônimo escrito por Jeffrey Eugenides. O filme conta a história do casal Lisbon, Ronald (James Woods) e senhora (Kathleen Turner). Eles tem cinco filhas: Lux (Kirsten Dunst), Mary (A.J. Cook), Cecilia (Hanna Hall), Therese (Leslie Hayman) e Bonnie (Chelse Swain). Todas elas dotadas de uma beleza que povoa a mente dos rapazes da rua. O problema é a rígida educação religiosa dos pais. Certo dia, Trip (Josh Harnett), o garoto mais popular da escola, convence Lux e suas irmãs a irem com ele para o baile de formatura do colégio. A partir daí, uma série de acontecimentos provoca uma mudança trágica na vida de todos. Sofia Coppola aborda já nesse primeiro filme o tema do deslocamento, que será recorrente em toda a sua obra. E mostra também que herdou o talento do pai para contar histórias e criar imagens que ficam em nossas mentes e grudam em nossas retinas. Sofia é uma autora, no sentido mais amplo da palavra.

A VIAGEM DO CAPITÃO TORNADO

IL VIAGGIO DI CAPITAN FRACASSA

ITÁLIA 1990

Direção: Ettore Scola

Elenco: Ornella Muti, Massimo Troisi, Vincent Perez, Emmanuelle Béart, Lauretta Masiero, Toni Ucci, Massimo Wertmüller, Jean-François Perrier e Tosca D'Aquino. Duração: 132 minutos. Distribuição: Lume Filmes.

Em um país como a Itália, terra de Mestres do quilate de Fellini, Visconti, De Sica, Rossellini e Leone, a concorrência é pesadíssima. Apesar disso, Ettore Scola nunca se intimidou e abriu caminho e se destacou com sua criatividade, sensibilidade e versatilidade. Dentre os filmes que dirigiu, e foram muitos, *A Viagem do Capitão Tornado* talvez seja o melhor exemplo de seu cinema. Baseado no romance *Le Capitaine Fracasse*, de Théophile Gautier, o roteiro, escrito por Scola e Furio Scarpelli, conta uma história encantadora. A ação se passa na França, no ano de 1774. O Barão de Sigognac (Vincent Perez), deixa o castelo de sua família para seguir um grupo de artistas da Companhia Itinerante de Artes Cênicas, composta por Tyrant (Toni Ucci), Lady Leonarde (Lauretta Masiero), Serafina (Ornella Muti), Isabella (Emmanuelle Béart), Leandre (Massimo Wertmüller), Zerbina (Tosca D'Aquino), Matamore (Jean-François Perrier) e Pulcinella (Massimo Troisi). O destino: a corte do Rei Luís XIII, em Paris. Misturando comédia com música e romance, o filme ainda flerta com o drama e tem pitadas de erotismo. O elenco inteiro e os cenários e figurinos compõem um espetáculo único e arrebatador. Scola conhece como poucos o seu ofício. Em *A Viagem do Capitão Tornado*, ele declara seu amor ao teatro em uma trama inesquecível carregada de paixão e encantamento.

SÃO BERNARDO

BRASIL 1972

Direção: Leon Hirszman

Elenco: Othon Bastos, Isabel Ribeiro, Nildo Parente, Vanda Lacerda, Mário Lago, Rodolfo Arena e Jofre Soares. Duração: 113 minutos. Distribuição: VideoFilmes.

O cineasta carioca Leon Hirszman era estudante de Engenharia quando se envolveu definitivamente com suas duas grandes paixões: o cinema e a política. Ativo participante do movimento estudantil na virada dos anos 1950 para 1960, foi um dos fundadores do Centro Popular de Cultura (CPC) e da União Nacional dos Estudantes (UNE). Cineclubista de formação, começou a carreira dirigindo curtas e estreou em longas em 1965, com *A Falecida*, baseado na peça de Nelson Rodrigues. *São Bernardo*, de 1972, é seu terceiro longa-metragem. Adaptado do romance de Graciliano Ramos pelo próprio Hirszman, o filme conta a história de Paulo Honório (Othon Bastos), um caixeiro-viajante que fica muito rico utilizando métodos não muito ortodoxos. Ele compra a fazenda São Bernardo e acerta casamento com Madalena (Isabel Ribeiro), que é professora na cidade. A relação entre os dois é tensa, uma vez que ela não admite ser tratada como mais uma das "propriedades" dele. O olhar humanista de Hirszman extrai desempenhos fabulosos de todo o elenco e, em particular, da dupla principal. A força do texto original de Graciliano Ramos, escrito em 1934, é mantida intacta e ainda temos uma bela trilha sonora composta por Caetano Veloso. *São Bernardo* é uma das mais importantes obras da literatura e do cinema brasileiros.

JOGOS, TRAPAÇAS E DOIS CANOS FUMEGANTES

LOCK, STOCK AND TWO SMOKING BARRELS

INGLATERRA 1998

Direção: Guy Ritchie

Elenco: Jason Flemyng, Dexter Fletcher, Nick Moran, Jason Statham, Vinnie Jones, Nicholas Rowe e Sting. Duração: 107 minutos. Distribuição: Sony.

Longa de estréia do diretor e roteirista Guy Ritchie, *Jogos, Trapaças e Dois Canos Fumegantes* foi "vendido" na época de seu lançamento como a resposta inglesa ao filme *Pulp Fiction*, de Quentin Tarantino. Existem, é verdade, algumas semelhanças, por exemplo, no humor e nos diálogos das personagens. Fora isso, há muitas diferenças. A trama gira em torno de quatro amigos, Tom (Jason Flemyng), Soap (Dexter Fletcher), Eddy (Nick Moran) e Bacon (Jason Statham), que resolvem ganhar um dinheiro fácil no jogo. Claro que tudo dá errado e eles acabam perseguidos pelos cobradores que apresentam duas opções: pagar ou ter os dedos cortados. Guy Ritchie já revela aqui seu estilo: cortes rápidos e movimentos inusitados de câmara. A história vai ficando mais e mais divertida à medida que destaca a maneira atrapalhada com que os quatro amigos-jogadores vão lidando com as situações. Principalmente, quando entram em cena os dois rifles que compõem o título do filme. Algumas curiosidades: o cantor Sting faz uma participação especial no papel de JD e uma das produtoras é Trudie Styler, sua esposa. Diz a lenda que foi em uma festa na mansão do casal que Madonna foi apresentada a Ritchie, com quem foi casada por oito anos. Outro produtor do filme é o hoje diretor Matthew Vaughn.

ESTE MUNDO É UM HOSPÍCIO

- ARSENIC AND OLD LACE -

EUA 1944

Direção: Frank Capra

Elenco: Cary Grant, Priscilla Lane, Raymond Massey, Jack Carson, Josephine Hull, Jean Adair, Edward Everett Horton e Peter Lorre. Duração: 115 minutos. Distribuição: Versátil.

O cineasta ítalo-americano Frank Capra sabia como poucos exaltar a honestidade e o otimismo do homem comum. Sua extensa filmografia está repleta de bons exemplos. Ele conseguia ser idealista sem cair na pieguice. E tinha um ritmo perfeito para o humor. *Este Mundo é um Hospício*, que ele dirigiu em 1944, pouco antes de ir para a Europa, onde atuou como documentarista de guerra, é uma de suas melhores comédias. A trama conta a divertida história do crítico teatral Mortimer Brewster (Cary Grant), um notório solteiro que termina se apaixonando e se casando com Elaine Harper (Priscilla Lane). Ele decide então visitar suas tias, duas velhinhas adoráveis, para lhes dar a notícia. Lá chegando, ele descobre que elas praticam a caridade de uma forma um pouco fora do comum. O roteiro, escrito por Philip G. Epstein e Julius J. Epstein, tem por base uma peça de Joseph Kesselring. Carregada de humor negro e com diálogos espirituosos e muito bem escritos, Capra conduz com leveza essa deliciosa comédia cheia de situações inusitadas e muito criativas. Apesar da excelência de todo o elenco, as tias Abby e Martha, vividas pelas veteranas Josephine Hull e Jean Adair, estão impagáveis. Para chorar de rir.

ÍNDICE